"智慧海洋"出版计划

Marine Scientists of China

中国海洋科学家

文稿编撰　王金平　刘兰馨

　　　　　孙　湫　张潇文

图片统筹　郭周荣

中国海洋大学出版社
CHINA OCEAN UNIVERSITY PRESS

编创团队

编委会

主　　任：王　建　青岛市科学技术协会党组书记、主席

　　　　　徐　冰　青岛市科学技术协会党组成员、副主席

副 主 任：齐继光　青岛海洋科技馆馆长

　　　　　王云忠　青岛海洋科技馆书记

　　　　　杨立敏　中国海洋大学出版社董事长、社长

　　　　　刘大磊　青岛海洋科技馆副馆长

委　　员：丁剑玲　王　沛　李夕聪　魏建功　徐永成

总 策 划：齐继光

主　　编：杨立敏

编辑委员会

主　　任：杨立敏

副 主 任：李夕聪　魏建功

成　　员：丁剑玲　任　涛　韩　涵　郭嘉琪　李学伦　李建筑

　　　　　徐永成　张跃飞　郭周荣　孙玉苗　董　超

序言

　　海洋，是生命的摇篮，资源的宝库，人类的家园。中华民族是最早利用海洋的民族之一，千百年来，我们的先民深耕大海、扬帆远航，创造了延绵不息的中华海洋文明。进入21世纪，在新一轮科技革命和产业变革形成叠加之势的今天，海洋之于国家，战略地位更加突出，深远意义愈发凸显，党的十九大明确提出要"坚持陆海统筹，加快建设海洋强国"的战略部署。在一代又一代海洋科技工作者的不懈努力下，我国海洋科技与海洋产业得到快速发展，全民海洋意识不断提高，海洋强国建设不断取得新成就。

　　青岛作为海洋科技创新城市，集合了国内海洋领域一批顶级的教学和研究机构，40%以上的海洋专家学者、50%以上的海洋教学研究力量、60%的涉海高级专家和院士聚集于此；"大洋一号""向阳红"系列科学考察船、"蛟龙号""海龙2号"和"潜龙一号"等先进探海设备先后落户青岛，正在建设中的青岛海洋科学与技术国家实验室在国内外已产生重要影响；被蔡元培先生称为"吾国第一"的青岛水族馆是中国近代海洋科普事业发祥地，青岛奥帆中心、青岛海底世界、中国海军博物馆、青岛贝壳博物馆等一批现代化海洋科普场馆蓬勃发展……

　　青岛市科学技术协会充分发挥优势，联合海洋领域科研院所、科普场馆、海洋特色学校等，整合优质资源，成立了青岛海洋科普联盟。联盟通过开展学术交流、举办科普赛事、出版海洋科普图书、发展海洋科普旅游，在提升全民海洋意识、滋养海洋文化根脉等方面发挥着积极作用。

　　为弘扬科学精神，展现科学家风采，由青岛市科学技术协会牵头组织，青岛海洋科普联盟编辑出版的《中国海洋科学家》，记述了我国取得突出成就的海洋领域的科学家，展示了他们的学术成就、治学方略和价值观念，彰显了他们对我国乃至世界海洋经济发展、海洋科技创新、海洋生态建设等方面所作出的伟大贡献。全书既有像童第周、曾呈奎院士一样的开疆拓土式的海洋领域奠基人，又有海洋学科中披荆斩棘的领军人物。他们在传播科学知识上学为人师、在弘扬科学精神上身体力行；他们把个人理想自觉融入国家发展伟业，在海洋科学前沿孜孜求索；他们追求真理、勇攀高峰的科学精神，勇于创新、严谨求实的学术风气，不断激励我国海洋事业的后来人继续奋勇前进。

期望《中国海洋科学家》通过弘扬爱国、创新、求实、奉献、协同、育人的科学家精神,激励广大科技工作者接力精神火炬、奋进新的长征；能为公众关心海洋、认识海洋、经略海洋架设一座桥梁，推动海洋意识在公众心中萌芽、生长、扎根；能集聚科普创作人才，不断提高科普服务水平，提升海洋科普产品的核心竞争力。希望有更多海洋科技工作者和海洋科普工作者，在普及海洋科学知识、提升公众海洋意识、助力祖国海洋强国建设上发挥更大的作用！

中国工程院院士、原中国科协副主席
中国水产科学研究院黄海水产研究所研究员、名誉所长

唐启升

2019年5月

目录★

精益求精 功标青史

——鱼类学家朱元鼎

我国是世界第一渔业大国，1990年起中国水产品产量连续稳居世界第一，其中水产养殖产量尤为突出。然而在20世纪初，中国渔业却只是一个蹒跚学步的"孩童"。这一巨大转变的功勋章上，必定有朱元鼎的名字，这位面容慈祥的长者一生爱国，辛勤耕耘。作为我国著名的鱼类学家、水产教育家、中国鱼类分类学奠基人，朱元鼎先生在科研方面坚持精益求精，通过不懈的努力为中国渔业发展打下了坚实的基础。

缘起渔场 志存高远

宁波靠近我国最大的渔场——舟山渔场，渔业繁盛。儿时的朱元鼎每天放学后，总喜欢徜徉海边，流连忘返。每当他好奇地向老师请教与鱼儿种类相关的问题时，老师都语焉不

舟山渔场

详，因为那时还没有系统描述中国鱼类的书籍，即使是教师，相关知识也很贫乏。不过，恰恰是这个小插曲，使朱元鼎同鱼类分类研究结下不解之缘。

朱元鼎只用2年的时间就完成了本该6年完成的中学学业，中学毕业后进入东吴大学学习。大学期间他便用英文写成了《藻类的经济价值》一文，这篇文章系统地介绍了藻类的生物学特点和经济意义，不仅有着较高的学术价值，而且充分反映出朱元鼎过人的学术水平和英语能力。1920年大学毕业后，朱元鼎受聘于上海圣约翰大学生物系(今华东师范大学生命科学学院)，1925年被选派到美国康奈尔大学研究院进修昆虫学，学成回国后继续在圣约翰大学任教。

任教期间，年轻的朱元鼎目睹中国拥有丰富的鱼类资源，鱼类学研究领域却被外国人把持的状况，深感痛心。于是他下定决心，放弃从事多年的昆虫学研究工作，转而研究鱼类。1931年，他写成了《中国鱼类索引》，这本书成为全面、系统研究中国鱼类分类学的开山之作。

赤子情深 心怀正气

1935年"华北事变"后，日本方面对当时中国的一些名教授格外"垂青"，朱元鼎自然也成了他们企图猎取的对象。1936年夏，上海亚洲文会博物馆给朱元鼎送来"请柬"，邀请他赴日讲学。朱元鼎以请柬来迟，下学期课程已经排满为由，回绝了对方的"盛情"邀约。次年，日本方面又提前几个月寄来"请柬"，朱元鼎还是很干脆地回绝了。

其实早在青年时代，朱元鼎就显现出强烈的爱国思想，正是一直秉持这样的赤子之心，朱元鼎向家人谈起当年日本的"盛情邀约"时说，"小恩小惠岂能毁掉中国人的国格和人格"。后来每每想起此事，他都严肃而又愤慨地说："不怀好意，真险呐！"面对外界的威逼利诱，朱元鼎从来没有丝毫的退让和动摇，彰显了一个爱国学者坚定的民族气节和浩然正气。

投身学术 成果丰硕

从抗日战争到中华人民共和国成立的十余年中，尽管朱元鼎坚持开展鱼类研究，但终因战局动荡，收效甚微。中华人民共和国成立后，科研工作快速发展，朱元鼎如鱼得水，一心潜于学术，取得了丰硕的成果。

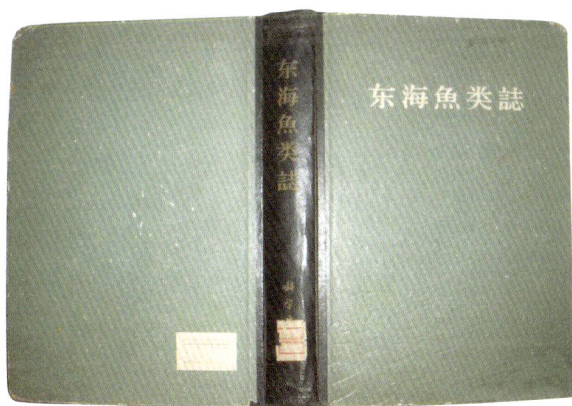

《东海鱼类志》

　　1952年，中国第一所水产高等院校——上海水产学院成立，朱元鼎担任海洋渔业研究室主任，专心致力于鱼类的研究。1954年，他和其他鱼类学家合作，对南海鱼类区系进行了历时5年的实地考察，又经过长达3年的资料整理编写，于1962年出版了《南海鱼类志》。1960~1963年，他又相继完成了《中国软骨鱼类志》《南海鱼类志》《东海鱼类志》《中国石首鱼类分类系统的研究和新属新种的叙述》等专著，基本上摸清了中国沿海鱼类资源的种类和区系分布，为我国开发和利用海洋鱼类资源作出了贡献。

矢志不渝　老而弥坚

　　耄耋之年的朱元鼎仍孜孜不倦，潜心研究。1986年，90岁高龄的朱元鼎主编出版了《福建鱼类志》上、下卷，这是他晚年主持编著的最后一部鱼类志书。该书学术性和应用性相结合，具有很高的学术价值。1986年11月，朱元鼎因病卧床不起，却仍不忘《中国鱼类志》的编写工作，召集助手于病榻前研讨如何早日完成。12月初，他的身体已十分虚弱，却仍坚持审阅论文。此时，距朱元鼎去世仅有两周时间。

伏案工作的朱元鼎先生

　　1986年12月17日朱元鼎在上海去世。生前，他把私人珍藏的图书、资料全部捐献出来。有关单位为了表彰他的爱国热忱，给予5万元奖金，但家属深知朱老生前提携后生之夙愿，将全部款项捐给了上海水产大学，建立了"朱元鼎奖学金基金"。

　　1996年8月16日，时任国家副主席的荣毅仁在纪念朱元鼎先生100周年诞辰之际为其题词"敬业奉公，为人师表"。这充分肯定了朱元鼎为中国鱼类学和水产教育所作出的重要贡献。治学严谨、孜孜不倦的学术风范和敬业爱国、甘为人梯的崇高人格，是朱元鼎先生一生的生动写照。

科学家名片

　　朱元鼎（1896—1986），男，浙江鄞县（今宁波市鄞州区）人。鱼类学家，中国鱼类学、中国鱼类分类学的主要奠基人。

　　主要成就：

　　长期从事鱼类分类、形态、比较解剖学的研究，主编的《中国鱼类索引》是中国第一部较系统的鱼类分类学专著；

　　著有《中国软骨鱼类志》《南海鱼类志》《东海鱼类志》等专著，基本摸清了中国沿海鱼类资源的种类和区系分布；

　　主编了《福建鱼类志》，填补了这一海区鱼类区系分布的空白。

成就卓著 一代师表

青岛百花苑内一座座名人雕塑错落有致地矗立于鲜花之间、草坪之上，或坐、或立，有的低头沉思，有的极目远望，无不栩栩如生，惟妙惟肖。置身其间，一座白色雕像右手托腮，目光深邃，与绿树共舞，和蓝天为伴，他便是中国著名的动物学家和海洋湖沼学家——张玺先生。品读青石板上镌刻的介绍，仿佛打开了一部历史长卷，先生的奋斗历程和卓越功勋依然历历在目。

张玺先生雕像

敢为人先 砥砺前行

张玺1897年2月11日出生于河北省平乡县的一个普通的农民家庭。1921年，他以优秀的学习成绩获得公费留学法国的机会，并于1927年获得硕士学位，之后继续在法国里昂大学动物研究室从事软体动物的研究，1931年获得博士学位。1932年1月，35岁的张玺回国，受聘于国立北平动物研究所，从事海洋生物的研究工作，同时在北平中法大学生物系任教。

1935年，张玺先生任团长，带领"胶州湾海产动物采集团"，对胶州湾及其附近海域的各类海产动物和海洋环境进行全面系统地调查。这次调查持续了两年时间，共进行了四次海上和沿岸的信息采集，取得了许多重要的生物标本和数据，其中一项是首次在青岛海域发现了介于无脊椎动物与脊椎动物之间的生物"柱头虫"。考察结束后，他发表了一至四期的采集报告，撰写了100多万字关于软体动物、甲壳类动物、原索动物的研究论文。值得一提的是，张玺的论文与众不同，他将牡蛎的价值描写得淋漓尽致，不由让人垂涎欲滴；而谈到蛤仔的采集方法时，又给人身临其境之感。这种兼具科学性和文学性的笔法，深受科研人员的欢迎。

1937年，抗日战争全面爆发，张玺随北平科学院一同迁往云南昆明。在烽火连天的岁月中，他依然没有放弃研究，他担任动物研究所所长，对陆地和淡水动物进行研究。无论身处何方，张玺总是能专心致志地投入到科研工作中去。

岛城科研　异彩纷呈

1950年，中国科学院水生生物研究所青岛海洋生物研究室成立，张玺先生是创建人之一，担任研究室副主任一职；1954年，该研究室更名为中国科学院海洋生物研究室，张玺任副主任；1957年，中国科学院海洋生物研究室扩大建制为中国科学院海洋生物研究所，张玺任副所长；1959年，中国科学院海洋生物研究所再次扩大建制为中国科学院海洋研究所，张玺任副所长。20世纪50年代初，他与齐钟彦、李洁民等人合作研究栉孔扇贝的繁殖与生长，成为我国扇贝发展研究的先驱；他与楼子康、谢玉坎合作，调查研究近江牡蛎的养殖，也取得了多项成果。

20世纪60年代初，他领导开展的"南海珍珠贝养殖与育珠"研究，被列为南海海洋生物重点项目之一。这些研究为当今大范围的海洋贝类养殖提供了极为重要的科学依据，贝类学研究也成为张玺在海洋生物研究领域最为人所称道的一项。他在山东大学讲授贝类学期间，还亲自编写教材和讲义，撰写了《贝壳类学纲要》，这一教材后来成为重要的教学和科研资料。张玺先生亲自撰写或与他人合作完成的论著达200余万字，领域涉及中国沿海各类无脊椎动物的分布和开发利用情况，可谓是硕果累累，异彩纷呈。

《张玺文集》

春风化雨　桃李芬芳

常言道"学海无涯苦作舟"，学习如此，师道亦然。张玺先生教海扬帆，以爱为舟，以勤为桨，几十载辛勤耕耘，硕果累累，桃李芬芳，我国已故著名海洋生物学家、水产养殖学专家张福绥院士便是其中之一。1955年9月，张福绥院士前往海洋所进修，初次拜会了张玺先生，那时，他接触贝类学仅仅两年时间。面对这个初出茅庐的小伙子，张玺先生面带笑容，慈祥可亲，说了很多鼓励的话，并且指出研究和发展贝类养殖的重要性。随后，先生不仅亲自指导张福绥的日常学习，还安排他调查珠江口近江牡蛎养殖情况，引见其他老师指导他学习，使他在理论和实践方面的进步突飞猛进。正是因为张玺先生怀有一颗爱才之心，并且将所学所知倾囊相授，以张福绥院士为代表的一大批学子才能在他营造的科研环境中成长为国家的栋梁之材。

1967年7月10日，张玺先生逝世于青岛，享年70岁。他虽已辞世几十载，科研影响力却从未减弱。今天，我们仰视着张玺先生的雕像，缅怀一代大师，望着他那深邃的目光，感悟张玺先生丰富的内心世界，沿着他的宏伟思路在科研征途中继续前行。

科学家名片

张玺（1897—1967），男，河北平乡县人。动物学家和海洋湖沼学家，中国贝类学奠基人，中国科学院海洋研究所创始人之一。

主要成就：

首次对胶州湾及其附近的各类海洋动物和海洋环境进行了全面的调查，首次在青岛海域发现了介于无脊椎动物与脊椎动物之间的生物"柱头虫"；

20世纪60年代，领导了南海珍珠贝养殖与育珠研究，被列为南海海洋生物重点项目之一；

合作研究栉孔扇贝的繁殖与生长，成为我国扇贝发展研究的先驱。

与鱼结缘　人生路上展宏图

——鱼类学家张春霖

张春霖，我国著名的鱼类学家、教育家，中国现代鱼类学的主要开拓者之一。张春霖一生都专注于中国的鱼类研究，领导了中国海产鱼类的系统调查研究，他还十分重视人才培养，一批鱼类学领域的佼佼者都出自他的门下。

遇恩师　踏上漫漫求学路

张春霖幼年家贫却十分好学，靠自己的努力获得了公费上学的机会。1918年从开封师范学校毕业后，他先后在河南省嵩县和乐高级小学、巩县（今郑州市巩义市）县立高级小学、开封县立高级小学任职。中国现代动物学创始人、东南大学(南京大学前身)教授秉志回乡探亲时，听闻家乡青年张春霖聪明好学，便鼓励他报考东南大学，并为他提供了勤工俭学机会。

1922年4月，张春霖辞职去南京，任东南大学生物系助理员。同年7月，他考入东南大学农学系，半工半读，四年后获得农学学士学位，并进入中国科学社生物研究所担任助教一职，专攻现代鱼类学。当时国内还没有人涉足现代鱼类分类学领域，张春霖认真阅读相关的英文文献，反复体会其中的术语及方法，才使研究顺利进行。1928年8月，张春霖前往巴黎大学深造，师从路易斯·儒勒博士，开始系统研究鱼类学，同时在法国巴黎博物馆做研究员，其间还曾在英国伦敦自然博物馆工作。1930年，他获得巴黎大学研究院理学博士学位，次年回国。

报祖国　科研路上成果多

早在1928年，张春霖就发表了《南京鱼类之调查》一文，开启了中国鱼类学家独立发表鱼类分类学论文的先河。回国后，他担任北平静生生物调查所技师和动物部主任，同时兼任北京师范大学和北京大学讲师。1933年发表的《中国鲤类志（一）》是第一部由中国鱼类学家撰写的鲤类鱼的学术专著，至今仍是淡水鱼类学研究珍贵的资料之一。1949年，他与北京大学教授孙云铸、北平研究院动物研究所教授张玺等，发起成立中国海洋湖沼学会，并兼任该学会理事长。

中华人民共和国成立后，张春霖专注于海洋鱼类的研究，昂首阔步走在科研的道路上。他积极组织调查全中国海区的鱼类，从而整理出完整的鱼类学资料，给中国的海洋渔业生产提供了科学依据。1952年，他和成庆泰将《中国海产鱼类的调查研究》上报中国科学院，从渤海和黄海开始进行鱼类调查，于1953年底首先完成了《黄渤海鱼类调查报告》文稿，这是中华人民共和国成立后的第一部鱼类学专著。1954年，他邀请上海水产学院的朱元鼎先生承担软骨鱼类的研究，之后又开展了南海及东海的鱼类研究工作。然而，1957年后南海鱼类调查长期停滞，直到1962年，科学出版社才出版了《南海鱼类志》。《东海鱼类志》则仅做了年余调查即仓促写出，于1963年出版。张春霖的著作迄今仍是研究中国海产鱼类最重要的参考书之一，并为编著《中国动物志》中的海产鱼类部分奠定了基础。

品德高　路到尽头光犹存

张春霖不仅治学严谨，他待人接物的品格也尤为可贵。他对朋友忠厚正直，对学生爱护关心。傅桐生教授是他自幼时起的好朋友，一生亲如兄弟。许多出自张春霖门下的学生早已成为某一领域的中流砥柱，也一直与他保持联系。著名美籍华裔生物学家牛满江教授在北京大学上学时随他研究过鱼类，时隔40年后回国，仍怀念着老师。从不胜枚举的珍贵情谊中，我们不难体会到张春霖待人平易和善，胸怀宽广无私。

　　1963年9月27日，张春霖先生因病在家中去世。虽然先生已经离我们远去了，但他留给我们的是对知识渴求的精神，是可贵的人格魅力。

科学家名片

　　张春霖（1897—1963），男，河南开封人。我国著名的鱼类学家，教育家，中国现代鱼类学的主要开拓者之一，中国海洋鱼类研究的奠基人之一。

　　主要成就：

　　主要从事中国淡水鱼类的调查研究，勾勒出中国淡水鱼类分布区划的雏形，首次提出的诸多术语至今仍被沿用；

　　领导了中国海产鱼类的系统调查研究，出版了中华人民共和国成立后的第一部鱼类学专著。

少时立志终成大器
忠心报国 "一生争气"
——中国海洋科学研究的奠基人童第周

1996年7月5日，克隆羊"多利"在英国出生，成为世界上首例克隆成功的哺乳动物，引起了科学界的轰动，也使"克隆技术"成为家喻户晓的名词。殊不知，早在1963年，一位中国科学家就把此项技术应用于鱼类，培育出世界上第一条克隆鱼，将生物进化和细胞遗传与变异的研究推向高峰，开创了按照人类需要人工培育新物种的历史先河。这位科学家，便是中国克隆之父——童第周。

家贫志坚 天道酬勤

1902年5月28日，童第周出生在浙江省鄞县（今宁波市鄞州区）的一个农民家庭，他幼年丧父，家境清贫，直到17岁那年，才在哥哥的帮助下进入宁波师范预科班学习。由于基础差，童第周学习非常吃力。第一学期期末考试，他是全班最后一名。第二学期，童第周更加努力学习，每天天还没亮就悄悄起床，在校园昏黄的路灯下读外语，夜里同学们都已入睡，他又到路灯下面看书。

天道酬勤，半年后，童第周的总成绩由最初的"倒数第一"跃居"正数第一"。这两个"第一"对他影响很大，从那时起他就暗下决心"一定要争气"。

初出茅庐 小试牛刀

1930年，28岁的童第周在亲友的支持下，前往比利时深造。那时，著名生物学家布拉舍和达克的实验室里，经常能看到一位身材瘦小、木讷寡言的中国留学生。他总是一个人坐在角

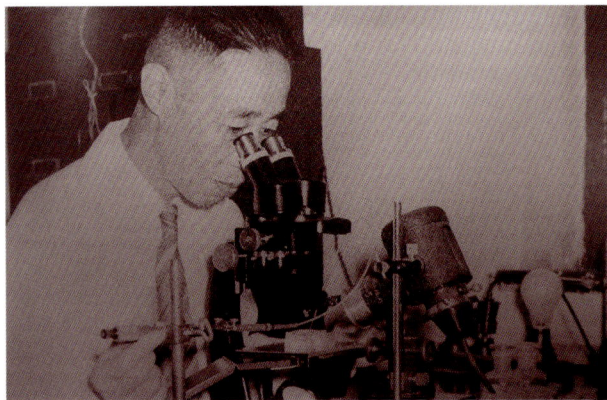

实验中的童第周

进行金鱼实验的童第周

落里，专心致志于每项琐碎的工作。青蛙卵的外膜剥离手术实验在当时还是个难题，这项实验既需要熟练的技巧，又需要细心和耐心，童第周的导师也失败了。童第周默默地刻苦钻研，反复尝试，最终获得成功。之后，在著名的科研中心法国海滨实验室，童第周再次顺利剥离了只有青蛙卵十分之一大小的海鞘卵的外膜，让云集此地的同行无比钦佩。

这件事情震动了欧洲生物学界，童第周依然表示："一定要争气。中国人并不比外国人差，外国人认为很难办的事，我们中国人经过努力，一定能办到。"

结缘岛城　如鱼得水

1934年，童第周放弃了欧洲优越的生活和科研条件，毅然回国。童第周回国后，受到时任国立青岛大学校长赵太侔的邀请，来到国立山东大学任教，并被聘为理学院生物系教授。此后的岁月中，他先后三次来到国立山东大学任教，培养了大批人才，同时，他还开辟了胚胎学、鱼类移植等研究领域。

1935年，童第周在青岛太平角和沙子口发现了文昌鱼，这是他文昌鱼研究工作的开始。1936年，他成功培养出双头青蛙蝌蚪，成果发表后引起轰动。1937年，抗日战争爆发，国立山东大学被迫南迁，辗转武汉等城市后最终停办，童第周不得不告别山大。

抗日战争胜利后，国立山东大学于1946年8月在青岛复校，童第周举家迁回青岛。这一时期，尽管实验室破旧不堪，实验设备简单粗陋，童第周却从未停下科研的脚步。"我们的事业，需要的是手，而不是嘴"。这是童第周的人生信条，也是他一生的写照。

童第周与叶毓芬、吴尚勤讨论问题

为了中国海洋科学事业，童第周倾注了大量心血。1946年他聘请了海洋生物学家曾呈奎来校任教，并与其共同创建了山东大学海洋研究所；1948年他征得学校同意，聘请了物理海洋学家赫崇本担任海洋系教授。在他的努力下，1950年8月，新中国第一个海洋研究机构——中国科学院水生生物研究所青岛海洋生物研究室在莱阳路28号成立，1957年扩建为中科院海洋生物研究所，1959年扩大建制为中科院海洋研究所，童第周一直任所长至1960年。童第周还参与了"1956～1967年国家科学技术发展远景规划"和"1963～1972年国家科技十年规划"以及基础学科长远规划的制定工作，在规划中他强调了海洋生物学的重要性，为海洋生物学的发展指明了方向。这一系列的工作都为我国海洋科学事业的发展打下了坚实的基础。

1979年3月30日，童老心脏病发作，与世长辞，他那忙碌在显微镜前的身影永远定格在了人们的心中。先生鞠躬尽瘁，把一生都无私地奉献给了科研工作，真正实践了他"有生之年，为国家，为人民多做工作"的誓言。在我国科学界群星灿烂的天际，童第周先生依然是光彩夺目的一颗明星，他将照亮祖国生物科学和海洋事业前进的道路，激励着后辈"一定要争气"。

㉡㉢㉣㉤ 科学家名片

童第周（1902—1979），男，浙江省鄞县（今宁波市鄞州区）人。生物学家，教育家，中国实验胚胎学研究的主要创始人，中国海洋科学研究的奠基人，被誉为"中国克隆之父"，中国科学院学部委员（院士）。

主要成就：

在脊椎动物、鱼类和两栖动物的卵子发育能力研究领域有独特的贡献；

通过研究文昌鱼的个体发育和分类地位，在对核质关系的研究中取得重大成果，并首次完成鱼类的核移植研究；

在防治海洋有害生物、人工养殖经济水产动物、开拓培育经济鱼类新品种等方面作出了巨大贡献；

论著有《追求生命真相》《鱼类细胞核的移植》等。

学海苦渡一生逐梦
拓荒海洋谱写华章
——现代海洋科学奠基人唐世凤

蔡元培先生给唐世凤的题字

"新栽竹始开三径，大厦人先庇万间"，这是蔡元培先生写给青年时期的唐世凤的一副对联，字里行间流露出蔡元培先生对这位有志青年的鼓励和提携。唐世凤没有辜负先生的期望，他刻苦努力，锐意进取，成为我国现代海洋科学研究及海洋科学教育事业的奠基人。

穷且益坚 不坠海洋凌云志

唐世凤，原名唐志丰，1903年8月11日出生于江西省泰和县。他幼时家境贫寒，直到19岁，才进入泰和县城高级小学读一年级。每当回忆起这段经历，他总是无奈地称自己是"最老"的小学生。

21岁那年，他考入吉安省立第六中学，入校后，将原名"志丰"改成"世凤"，以示从头学起的信心。1928年，唐世凤考取中央大学（今南京大学）师范学院，在借债、代课中度过了大学生活。也正是在这所学校，他遇到了自己的伯乐——我国著名动物学家、鱼类学家伍献文。大学毕业后，唐世凤前往安徽休宁县担任省立二中生物教员，就在这时，伍献文急需一位得力助手协助他在鱼类学方面的研究，他想起了勤恳好学的唐世凤，于是邀请他来当时的中央研究院，做自己的助理研究员。就这样，唐世凤正式开始学术研究，并和中国海洋科学调查工作结下了不解之缘。

三次探海　开启科研新局面

在伍献文的指导下，唐世凤进步很快，他和一批不怕苦不怕累的年轻学者一起，完成了三次海洋调查，在科学史册中写下灿烂的一页。

1934年1月，"南海生物调查团"成立，对海南岛周边水域和陆域生物进行调查研究，伍献文让唐世凤代表中央研究院参加并领导海洋生物调查队部分工作。唐世凤没有辜负老师的期望，他奔波在滩涂之上，历时10个月，完成了考察计划。当年12月，唐世凤以《科学调查的南海》为题，并附以60余幅奇特新颖照片的论文在《科学》杂志上登载，全面介绍了此次科学考察情况。

唐世凤与夫人在青岛水族馆

1935年，中央研究院动植物研究所、气象研究所等机构共同组织"渤海海洋调查"（实际范围是渤海及北黄海)，调查工作由伍献文主持，唐世凤负责计划筹备和组织实施整个调查工作。此项调查历时6个月，航程 7054 海里，是中国近代第一次针对渤海、黄海北部的多学科、长时间航海作业的海洋调查。1935年底，唐世凤以中央研究院的名义写成数万字的《渤海海洋调查报告》，内容极为全面、详尽。

当时，中国时局混乱，研究落后，在这种情况之下，唐世凤于1937年留学英国利物浦大学，希望用知识改变中国物理海洋学落后的状况。

以身许国　书写海洋新篇章

1940年12月，唐世凤学成归来，他要实践出国之前的承诺："学成回国，把中国物理海洋学搞上去。"回到祖国，唐世凤立即投身于中国海洋调查与研究工作中。1941年6月18日，他发表了长文《海洋学与国家》，文章分析了海洋研究对于一国的重要性，指出中国和发达国家在海洋研究和开发方面的差距，堪称唐世凤立志为中国海洋考察与研究事业奋斗终生的誓言。

唐世凤坚信，中国海洋科学大力发展的前提是培养高素质的海洋科技人才，而建立全面综合的海洋科学教育及研究机构是必经之路。1946年，经唐世凤建议，中国地理研究所海洋组独立出来，并以此为基础，成立了厦门大学中国海洋研究所，与厦门大学海洋系联合办公，唐世凤任系主任，兼任中国海洋研究所所长。在工作中，唐世凤不断引进现代海洋科学技术，范围涉及海洋生物、海洋化学、海洋物理、海洋渔业、盐业、中国海洋史等，为我国现代海洋科学研究和海洋科学教育事业打下了坚实的基础。

1952年，全国高校院系调整时，唐世凤先生带领自己的科研团队北上青岛，与赫崇本先生筹建山东大学海洋系。1959年，唐世凤在《山东海洋学院学报》上发表了著名的《八分算潮法》，首次将民间流传的潮水涨落估算方法，从潮汐运动规律角度总结成简单易记的6种计算方法。这种计算每天概略潮时的方法简易实用，至今仍被广泛使用。

"文革"浩劫中，唐世凤先生横遭诬陷，身心受创，久卧病榻，于1971年8月25日去世，留给后人无尽的怀念。长者风范，提携后进，真诚坦荡，终身热爱物理海洋学，这是对唐世凤先生一生的概括。

科学家名片

唐世凤（1903—1971），男，江西泰和县人。我国现代海洋科学研究及海洋科学教育事业奠基人之一。

主要成就：

创建了我国最早的海洋学系和海洋研究所，筹建了山东大学海洋系，填补了我国海洋教学和研究的空白；

提出著名的"八分算潮法"，至今仍被广泛使用。

志存高远 情系九州

——我国水声学奠基人汪德昭

汪德昭院士是我国的著名物理学家，我国水声事业奠基人，他为我国科学事业的发展，特别是水声科学的研究作出了重要贡献。

赴法留学 蜚声法国科学界

1905年12月20日，汪德昭出生于江苏省灌云县，1919年，进入北京师范大学附属中学学习；1923年，考入北京师范大学预科，后进入北京师范大学物理系学习，开始了在北师大长达10年的学习和教学生活。1933年10月，他登上开往法国的客轮，开启了人生旅途的新征程。

1934年10月，汪德昭进入法国著名物理学家保罗·郎之万(Paul Langevin)的实验室，从事"低空大气层中大小离子平衡态"的研究，这也是郎之万毕生关注的研究课题之一。在郎之万的指导下，汪德昭决定用人工方法创造一个可以控制的环境，从实验和理论两个方面系统地研究大、小离子的平衡态，经过多次数据对比分析，实验获得成功。他和郎之万一起推导出大离子的合成系数理论，并且应用到低空大气层中。1940年，汪德昭根据这项研究成果写成论文，通过了巴黎大学国家科学博士学位的答辩，被评为"最荣誉级"，1945年，这项研究成果荣获法国科学院的"虞格"奖金。

工作中的汪德昭

临危受命 开创水声事业新篇章

1956年，汪德昭回国之后，担任中国科学院原子能研究所研究员兼室主任，并兼任中国科学院器材局局长。

中国科学院声学研究所

1956年，中央制定"十二年科学技术发展远景规划"，汪德昭受命组建中国自己的水声研究队伍，发展中国水声事业，以改变中国在海防建设上的落后状态，捍卫国家主权和海疆安全。对于年过半百的汪德昭来说，水声科研是一个全新的领域，一切都要从零开始。汪德昭毅然接受了这个任务，从此，我国水声科学研究在他的领导下，开始了艰难的航行。

临危受命的汪德昭，认识到当务之急是建立一支水声学研究队伍。经周恩来总理同意后，100名品学兼优的物理系学生被提前分配到中科院参加水声研究，边干边学，人们把这一措施形象地称为"拔青苗"。汪德昭组织人员翻译资料、编写教材，讲授水声技术，毫无保留地把自己的科研经验传授给大家。

1957年5月中国科学院第二次学部大会上，汪德昭被选为中国科学院学部委员(即现在的中国科学院院士)。

在汪德昭的领导下，1964年7月1日，中国科学院声学研究所正式成立，59岁的汪德昭被任命为声学所第一任所长。汪德昭设定了目标，在世界声学研究这个"大合唱"中，中国至少要在几个方面处于"领唱""指挥"的地位。他所领导的团队在浅海声场研究方面取得了突破性的进展，除此之外，他们还在海洋内波对声场起伏的影响以及远程混响模型等方面取得了巨大的成绩。

在汪德昭及广大声学工作者的奋力拼搏之下，中国水声科学研究水平已在国际上享有极高的知名度，为国民经济建设、国防安全和社会进步作出了重要贡献。

历经风雨　终成水声学泰斗

1966年，年过花甲的汪德昭在"文革"中深受迫害，身心遭到摧残，声学所也随之解体。虽然离开了原来的工作岗位，他却仍然惦记着科研工作。1977年8月10日，汪德昭写信给时任中央副主席的邓小平同志，请求恢复中国科学院声学研究所。1979年1月，中国科学院声学研究所召开复所大会，汪德昭仍被任命为所长。

已经73岁高龄的汪德昭立即投入到科研第一线，在他的领导下，各个学科重新进入了原有的发展轨道。全所人员忘我拼搏，硕果累累。1978年，汪德昭亲自率领一批水声专家远赴西沙群岛进行我国首次深海水声试验。1984年，79岁的汪德昭退休了，但他仍心系水声事业，继续关心着声学所的发展，用"老骥伏枥，志在千里"来形容汪德昭，是再恰当不过了。他一生的研究工作不仅使我国水声科学研究工作从无到有，而且在推动我国海军现代化建设、维护国家安全和海洋权益方面也发挥了重要作用。与此同时，他还为培养我国水声科技人才作出了贡献。

1998年12月28日，汪德昭院士在北京逝世。作为我国老一辈科学家的杰出代表，汪院士用德高望重的学识品格、和蔼可亲的待人态度、诲人不倦的大家风范树立了一座永远的丰碑，他将永远留在人们的心中。

汪德昭先生手稿

科学家名片

汪德昭（1905—1998），男，江苏灌云人。物理学家，大气电学家，中国水声事业、中国国防水声事业的奠基人，中国科学院院士。

主要成就：

开拓了我国国防水声学事业，制定了我国水声学的研究发展战略，为国家培养了一大批水声学研究人才；

领导实施了水下预警体系，完成了多种国防和民用水声先进设备的研制，为我国海军建设和声呐现代化作出了贡献。

留给世界的怀念与荣耀
——海洋生态学家朱树屏

2007年，《朱树屏传记》出版，这位中国海洋科学奠基人之一，透过尘封的历史资料，来到人们面前。

幼时家贫 嗜书如痴

朱树屏，字锦亭，1907年4月出生于山东省昌邑县。朱树屏自小聪敏好学，1933年，他考入中央大学物理系，求学期间，教授们评价他"生活最苦，学习最优秀"。1934年毕业后，他进入中央研究院动植物研究所任助理研究员，主要从事浮游生物研究，自此开始了他的科研生涯。

朱树屏在剑桥大学实验室

科学报国 赤子之心

1938年9月，朱树屏考取了公费留英的名额，抵英后，朱树屏废寝忘食地学习动植物和生物化学的相关课程，进步很快。1942~1945年，他担任英国普利茅斯海洋研究所研究员、英国淡水生物研究所研究员等职务，研究出"朱氏10号"藻类培养液，成为至今仍在被广泛应用的世界经典培养液之一。

抗战胜利后，云南大学聘请朱树屏回国任教，他怀着拳拳的爱国之心，迫不及待地取道美国，踏上了回国的路，但到达美国后却未能买到回国的船票，只能暂时在美国安顿下来。1946年1月，他受聘于美国伍兹霍尔海洋研究所，任高级研究员，从事浮游生物研究。短短一年的时间里，他发表了《朱氏人工海水》等极有影响力的研究成果，"朱氏人工海水"为国际首创，是人工海水研究史上的里程碑。同年12月，他谢绝了研究所的挽留，决意回国，回国前，他只留下路费，把剩余积蓄全部用于购置调查研究所需要的器材。

魂系海洋 一代宗师

1946年朱树屏回国，前往云南大学生物系任教。1947年，国立山东大学邀请他来青岛创建水产系并主持工作，被聘为第一

CHU NO.10 MEDIUM (S.P. CHU 1942)	
$Ca(NO_3)_2$	0.04 g/1
K_2HPO_4	0.01 g/1
$MgSO_4 \cdot 7H_2O$	0.025
Na_2CO_3	0.02
Na_2SiO_3	0.025
$FeCl_3$	0.8 mg/1
pH	6.5 - 7.0

朱氏培养液第10号配方。此配方照片至今仍展示在英国淡水生物学会的办公室里

朱树屏（右）在"烟威渔场综合调查"中研究浮游生物分析中的问题

出席四国渔业会议第二届会议的各国科学家及官员合影（第一排：左一为伍献文，左三为童第周，右二为朱树屏；第二排：右三为王乐勤，右五为冯乐进，左二为曾呈奎，左三为赫崇本）

任系主任。同年7月，朱树屏到任，他将自己从美国带回的海洋、水产的科研和教学的宝贵资料和实验设备赠送给水产系。同时，他制订了发展规划，聘请知名教授来水产系任教，使水产系成为国立山东大学的重要学系之一，并培育出了中国首批大学本科水产专业人才。

1948年9月，借聘期满，朱树屏调回上海动植物研究所；1951年，他与青岛再度结缘，被调往中国科学院水生物研究所青岛海洋生物研究室工作；同年3月，他担任农业部水产实验所（即今黄海水产研究所）所长，兼任中国科学院水生物研究所青岛海洋生物研究室研究员、国立山东大学水产系教授。

朱树屏于20世纪40年代至50年代在中国首次提出了"种海、海洋牧场、海洋农牧化"等开创性的科学论述和建议，并率先进行了科学实践，开创了中国海洋农牧化、人工增殖科学领域的研究，并在这些领域取得多项重要成果。

　　1951年，朱树屏领导、主持了海带施肥养殖研究，于1955年获得成功并推广；1952年，他领导、主持了对虾生活史的研究并相继完成了对虾人工育苗及养殖课题；1956年，他又发起、组织并领导海带南移，使海带养殖业迅速发展；1958年7月，他利用自然光源、流水控温的自然光育苗室培育夏苗，成功发明了海带自然光育苗法，此项技术领先世界，成为中国海水养殖史上具有重大意义的科研成果；1964年，朱树屏组织领导坛紫菜人工育苗与养殖的攻关实验研究，历时4年获得成功并实现了紫菜的北移，建立了中国的紫菜养殖业。他掀起了中国海带、紫菜的养殖浪潮，并为对虾、贝类、鱼类等海水养殖业在中国的兴起奠定了坚实的基础。

　　1976年7月2日，朱树屏先生与世长辞。按遗嘱，其骨灰撒于他为之奋斗一生的大海。先生将毕生精力都献给了自己热爱的科研和教育事业。他的爱国精神和奋斗精神将感召和激励更多科技工作者为中华民族的海洋强国之梦继续拼搏。

科学家名片

　　朱树屏（1907—1976），男，山东昌邑人。海洋生态学家，海洋化学家，浮游生物学家和水产学家，教育家。世界浮游植物试验生态学领域的先驱，中国海洋生态学、海洋化学的奠基者和开拓者之一。

主要成就：

　　以创新的方法研究了浮游植物的微细结构，根据其在进化上的意义，明确了一些浮游植物的分类地位，提出了新分类系统；

　　发明的"朱氏10号"藻类培养液，是至今世界上仍在广泛使用的经典配方；

　　"朱氏人工海水"为国际首创，是人工海水研究史上的里程碑，至今在国际24种人工海水中仍列首位，他所创造的一系列浮游植物纯培养技术和方法至今也仍在国际上广泛应用；

　　引领了中国的海洋调查事业，是中国海洋调查事业的奠基人之一；

　　为我国渔场海洋学、水产资源学研究领域做了大量开拓性的工作，为对虾、海带、紫菜人工育苗与养殖作出关键性贡献。

欲做海洋事　先做海洋人

——物理海洋学家、中国物理海洋学奠基人赫崇本

赫崇本是我国著名的物理海洋学家，教育家，中国物理海洋科学奠基人之一，1908年，他出生于辽宁省凤城县（今辽宁省凤城市）。早年，他毕业于清华大学物理系，是著名物理学家吴有训的得意门生。

身在异乡　心系祖国

1943年11月，赫崇本在恩师吴有训的支持下赴美国加州理工学院气象系深造，4年后获得气象学博士学位。当时，中国虽有漫长的海岸线，物理海洋学研究却处于空白状态，因此，他转入美国加利福尼亚大学斯克里普斯海洋研究所学习物理海洋学。1949年初，赫崇

赫崇本先生雕像

本提交了论文，申请物理海洋学的博士学位。这时，中国政局急剧变化，赫崇本深恐美国政府采取敌视新中国的政策，阻挠中国留学生回国，便于1949年2月初毅然放弃学业回到祖国，为新中国的发展贡献力量。

呕心沥血　坚持不懈

赫崇本回国后，接受了时任国立山东大学副校长的童第周先生的邀请来到青岛。当时，中国的海洋研究条件十分艰苦，赫崇本清醒地认识到，要想开展海洋

赫崇本与教师们在一起

研究，必须培养一批具有较高素质的海洋科技人才，于是，他下定决心创建中国第一个物理海洋专业。

1952年全国院系调整，山东大学仅保留文、理两院，建成一所综合性大学。厦门大学海洋系部分师生来到青岛，与山东大学海洋研究所合并，成立了山东大学海洋系，赫崇本担任第一任系主任。1957年，在赫崇本的坚持下，海洋气象专业得以创建，他认为气象学是海洋学极为重要的关联学科，应相互渗透，相得益彰。

1958年，山东大学迁至济南，海洋系迎来转折点。赫崇本目光长远，上书中央建议创建海洋学院，中央不仅很快批准了这个建议，而且还把海洋学院确定为全国13所重点大学之一。从此，我国第一所以培养海洋科技人才为主的重点大学——山东海洋学院诞生了。赫崇本先后担任教务长、副院长，为中国第一所以海洋水产为特色的大学的建设呕心沥血。

欲善其事　先利其器

海洋科学是一门实践性很强的科学，调查船是调查研究、获取资料的前提。赫崇本大力主张建造一艘用于教学实习的远洋综合调查船。20世纪60年代初，赫崇本几次前往北京高教部，呈上报告，陈述理由，希望给海洋学院争取一艘调查船。请求通过后，他亲自参与船体

设计方案，几次南下上海沪东造船厂与工程技术人员一起研究，攻关克难，参加了每一次的试航和验收。经过5年的努力，我国第一艘海洋科学调查船———"东方红"号终于问世了。它搭载着一批又一批学生从陆地到海洋，为教学和科研作出了巨大的贡献。

浩海求索　硕果累累

赫崇本作为物理海洋学家，开创了中国海洋学基本问题之一———"水团"的研究，他主编的《中国近海水系》一书成为中国海洋界的经典文献。在中国第一次大规模的海洋综合调查过程中，为了确保调查资料的可靠性和权威性，赫崇本对浅海水文调查方法等有关问题进行了深入研究，指出在浅海海洋调查中要充分考虑水文要素

赫崇本故居

变异等基本问题以及海洋调查的特点，为中国的海洋调查方法奠定了基础。

　　赫崇本深知要办出高水平、有特色的大学，创办研究所是必经之路。在赫崇本的主持下，山东海洋学院先后建立了物理海洋研究所、河口海岸带研究所、海洋环境保护研究中心、海洋激光研究室、水产养殖研究所等海洋研究机构。他还积极促进我国海洋科学与国外先进机构的交流与联系，加快了中国海洋科学的发展。他把毕生精力都奉献给了中国的海洋事业，谱写了中国海洋事业的辉煌篇章。

　　1985年7月14日，赫崇本先生与世长辞。他为中国海洋事业不懈奋斗的光辉一生，充分展现了一位科学家浩海求索的治学风范，展现了一位海洋教育家海纳百川、树人立新的崇高品德。赫崇本先生在中国海洋教育与科研事业上的丰功伟绩，将永远留在每一位海洋科技工作者的心中。

科学家名片

　　赫崇本（1908—1985），男，辽宁凤城人。物理海洋学家，教育家，中国物理海洋科学奠基人之一。

　　主要成就：

　　1952年在山东大学创办了全国院系调整后的第一个海洋系，并任系主任；

　　1959年参与创建海洋和水产学科齐全的山东海洋学院；

　　首先开创并推广了对"水团"的研究，主编的《中国近海水系》是中国海洋学领域的经典著作之一；

　　领导了全国第一次海洋普查，为中国的海洋调查方法奠定了基础。

蜡炬熄　灯塔明

——中国海藻学研究的奠基人曾呈奎

中科院海洋所生物楼一楼118室，曾经是我国著名海洋生物学家、中国海藻学研究的奠基人之———曾呈奎院士的办公室。推开这扇门，只见满屋的文献资料和堆积如山的文件、论著。他在这间办公室里，为科学、为人民、为国家奉献了毕生心血，开创了我国海洋科研的新时代。

立志"泽农"　科学报国

1909年6月18日，曾呈奎出生于福建省厦门市。他目睹了劳动人民生活的艰辛，毅然为自己取号"泽农"，以明心志。1929年，曾呈奎在厦门大学学习时，看到人们采集海藻为食，心想海藻可以吃，为什么不能种？既然能够在陆地上种庄稼，那么也应该能够在海里种海藻。由此他萌发了发展"海洋农业"的想法，立志要为人民在海上种"粮食"。

曾呈奎在植物标本室观察海藻标本

曾呈奎院士诞辰100周年纪念大会

从那时起，他便与大海结缘，开始了"沧海桑田"的远征，并为之奋斗了终生。1940年，他获得美国密歇根大学研究生院奖学金，赴美攻读硕士学位。1946年，37岁的曾呈奎放弃了优越的生活和科研条件，怀着报效祖国的愿望毅然回国，为实现"泽农"的志向，他义无反顾。

刻苦钻研　科研创新

曾呈奎坚信，海洋科技发展要走自主创新之路，在科研和教学生涯中，他积极推动中国海洋科技的自主创新，始终活跃在国际海洋科技的前沿领域。

现如今，海带老少皆知，是百姓餐桌上的常见菜。然而半个世纪前，海带在中国实属稀罕物，那时，中国海带还要依靠从日本和苏联进口。20世纪五六十年代，曾呈奎创立了海带夏苗低温培育理论和海带施肥增产法，使原本只能在冷温带海域生长的海带，在南方暖温带海域和亚热带海域也能进行大规模人工栽培，海带南移栽培获得巨大成功。1978年，国际海藻学会主席率团专程来青岛看望曾呈奎，并出海参观一望无际的海带栽培区，外国专家兴奋不已，将中国海带栽培视作奇迹。

20世纪50年代初，紫菜冬长夏亡的生活史和孢子的来源一直是个谜，所以无法人工采苗和养殖，全凭经验和运气从海里捞取野生紫菜进行养殖，产量甚微。曾呈奎与助手进行研究，于20世纪50年代初得出壳斑藻晚秋生成的孢子，萌发为幼体后长成叶状体紫菜的结论。他们进而在实验室内证实了秋季海面上出现的大量孢子正是养殖紫菜需要的壳孢子，从

曾呈奎先生雕像落成揭幕仪式

而结束了养殖紫菜靠大自然"恩赐"种子的历史，开始了科学种植紫菜的新纪元。这一发现，使紫菜养殖业迅速发展，农民像在土地上种庄稼一样在海里种紫菜，曾呈奎真正做到了"泽农"。

生活简朴　奋斗不息

　　曾呈奎的笔记里有这样的文字："我的时间已经不多了，要抓紧时间多做些工作。"他身兼多职，每天的工作时间长达12个小时，有时甚至通宵达旦。曾呈奎的秘书周显铜提供的"出差记录表"显示，仅在1990年，81岁高龄的曾呈奎就出差19次，长达189天。工作中，他总是充满魄力和激情，生命不息、奋斗不止，海洋科学实践贯穿其一生，为我国水产养殖事业作出了不可磨灭的贡献，成为广大科技工作者学习的榜样。

　　生活中，曾呈奎对自己的要求则近乎苛刻。他一生简朴，旧台历纸用作便笺条，旧信封的反面用于起草信函和稿件。20世纪40年代从美国带回来的台灯修补之后照常用，一把铁皮暖水瓶从70年代一直伴随着他，在外吃饭剩下的饭菜带回下顿热热再吃。曾呈奎总是默默地付出，低调地做人，中国知识分子的优秀品质在他身上得到了完美的体现。

　　2005年1月20日，曾呈奎院士走到了生命的终点。最后时刻，他要求将器官捐献，书籍和资料全部捐给中国科学院海洋研究所，骨灰撒入大海。曾呈奎院士就像蜡烛，为海洋学研究燃尽了生命的最后一滴蜡，他那海洋般的胸怀和境界犹如明亮的灯塔，指引我们前行。

科学家名片

曾呈奎（1909—2005），男，福建省厦门人。海洋生物学家，中国海藻学研究的奠基人之一。中国科学院、第三世界科学院院士。

主要成就：

解决了有重要经济价值的紫菜、海带栽培等关键问题；

首次在中国发现了原绿藻，开拓了海藻比较光合作用和进化的研究领域，推动了中国海洋水产事业的发展；

建立了中国第一个海藻基因工程实验室。

风雨八十年　一生海洋情
——中国海洋浮游生物学的开拓者郑重

郑重是我国著名的海洋生物学家、教育家，1911年10月19日，他出生于苏州吴江县（今苏州市吴江区）的一个书香门第，他的父亲郑咏春曾任苏州工业专门学校英文教员，叔父郑桐荪是成就卓著的数学家、清华大学教授，姑姑郑佩宜是著名爱国民主人士柳亚子的夫人。良好的家庭环境使郑重从小就受到中国传统文化与前沿科学技术的熏陶，骨子里渗透着对知识的崇敬。

浮游生物开启科研之路

1934年，从清华大学生物系毕业后，郑重留校任教；1938年，他赴英留学，专业是浮游生物学。恰逢第二次世界大战，他先后辗转于普利茅斯海洋生物研究所和阿伯丁大学、剑桥大学、牛津大学、北威尔士大学、赫尔大学从事研究，进行学习，并于1944年获哲学博士学位。

1947年，郑重归国后，一直致力于海洋浮游生物学的研究工作。1954~1957年，他

显微镜下的浮游生物

主持了"烟威鲐鱼渔场调查中的浮游动物"研究，连续多年的鱼汛期间，他都亲临现场进行调查。他和同事共同发表的《烟威鲐鱼渔场及邻近水域浮游动物的生态研究》一文，对该渔场的浮游生物的种类组成、种群生态以及与鲐鱼洄游、水文的关系进行了深入分析，成为我国海洋浮游动物生态研究领域的优秀成果。

亲力亲为奠定坚实基础

1958年~1961年，他主持了全国近海综合调查中浮游生物的调查，在此期间，他不仅经常亲临青岛、舟山、汕头、湛江等地指导工作，而且亲自鉴定种类、分析数据，主持撰写调查报告。他所撰写的报告内容新颖、全面，涵盖了我国近海各类浮游生物的种类组成，海洋环境因子对浮游生物的影响以及浮游生物群落特征等内容，促进了我国浮游生物研究的发展。20世纪70年代初，郑重指导了闽南渔场浮游动物研究，并撰写报告，从而为这一海域鱼类资源的开发利用提供了科学依据。20世纪80年代以来，他又主持了河口浮游生物生态系统研究，奠定了河口生态学的发展基础。

郑重教授目光长远，牢牢把握科学发展方向，在浮游生物研究领域取得了丰硕的成果，为我国水产养殖业的发展作出了积极贡献，他的著作《海洋浮游生物学》获得国家教委全国高等院校优秀教材特等奖。郑重还鲜明地指出了我国浮游生物研究的发展方向，即在分类、生态研究的基础上，向生理生化方向发展。他还特别强调学科间相互渗透和追求创新的重要性，对我国浮游生物的深入研究和提高学科水平起到了指导作用。

创建学科精心培育人才

厦门大学海洋浮游生物学的研究在国际上颇具影响力，这要归功于学科创始人郑重，是他一手创建了海洋浮游生物学专业。1947年回国后，他立即开设了"浮游生物学"课程，当时，这门课程在国外尚处于萌芽阶段，在国内，更是几乎无人从事该方面的研究工作，因此，开设课程难度非常大。为提高教学质量，郑重在开展浮游生物研究的同时，博览国内外大量文献资料，编著了《浮游生物》《浮游生物学概论》等教材。

郑重非常重视人才的培养工作。他率先招收研究生，亲自开设多门专业课程，他十分注重培养学生的学术能力，并且教导他们治学态度要

1979年，郑重教授指导学生进行科研

郑重教授与李少菁教授、许振祖教授一起探讨学术问题

严谨，做到一丝不苟。1980年，郑重被评为我国首批博士生导师，他领导的海洋生物学是我国首批博士点学科。除了培养学生之外，他还多方面关注青年教师的成长，积极创造条件，给予他们学习和进修的机会，通过科研实践和海上调查扩大知识面。郑重在厦门大学任教几十载，可谓是桃李满天下，他的学生中，很多人都成为我国浮游生物学的技术骨干，多人成为该学科的学术带头人，在我国浮游生物学领域开疆拓土，为祖国的科学发展立新功。

1993年8月2日，郑重教授在厦门逝世。他穷其一生致力于海洋浮游生物学的教学和研究工作，为后人留下了宝贵的财富。他凭借对海洋的热爱和对科研的追求，成为海洋科技工作者心中的标杆，新一代科研工作者也正以郑重先生为榜样，在科学的海洋里扬帆起航。

科学家名片

郑重（1911—1993），男，江苏吴江县（今苏州市吴江区）人。海洋生物学家，教育家，中国海洋浮游生物学的开拓者。

主要成就：

长期致力于海洋浮游生物学的教学和研究工作，为中国近海渔业资源的开发利用、中国海洋浮游生物学的创建和发展作出了重要贡献；

对海洋污损生物的生态、海洋鱼类的食性和海洋浮游生物的生态系统进行了研究，促进了中国海洋生态学的发展。

少年立志　终身牧海
——海洋生物遗传学家方宗熙

中国海洋大学鱼山校区化学馆门前矗立着中国遗传学和育种学奠基人——方宗熙先生的雕像，无数学子曾在此驻足仰望，低头沉思，静静感受先生心中的科学世界。先生一生治学严谨，为每一位科研人树立了榜样；先生学识渊博，给后人留下了用之不尽的宝藏。其学术与科普并重的远见卓识更是令人肃然起敬。

少年有志　游子情深

1912年4月6日，方宗熙出生于福建省云霄县一个手工业者家庭。1926年，他考入云霄中学；1929年中学毕业后，考入厦门大学，主修生物学，辅修化学。从他的日记中可以看出，他思想活跃，学习刻苦，最感兴趣的科目是遗传学和进化论。1936年，他从厦门大学生物系毕业，并留校担任助教；次年夏天，他回到母校云霄中学任生物学教师。1937年7月7日，抗日战争爆发，祖国的闭塞和落后激起了方宗熙的鸿鹄之志，他时刻都在寻找机会施展自己的抱负。

1938年初，经友人介绍，他前往印度尼西亚苏门答腊岛巨港中华学校任生物学教师兼教务主任，在那里，他一边进行科学研

方宗熙先生雕像

究，一边积极组织学生义演募捐，支援祖国的抗日战争。1947年秋，他前往英国伦敦大学攻读博士学位，专攻人类指纹的遗传研究，选修人类遗传学。1949年底，他通过了论文答辩，获得英国遗传学博士学位，此时，中华人民共和国已经成立，他决心回国，但是由于英国政府的阻挠，这一愿望难以实现。1950年6月，他应邀前往加拿大的多伦多大学做访问学者，同年12月，他克服万难，辗转回到了祖国的怀抱。

乘风破浪　硕果累累

回国后，方宗熙在人民教育出版社担任生物学编辑室主任，亲自编写了《人体解剖生理学》和《达尔文主义基础》等中学生物教科书。1953年，应时任山东大学副校长的童第周之邀，他前往山东大学生物系任教。1959年3月山东海洋学院建立后，他曾先后担任该院海洋生物遗传教研室主任、系主任和副院长。

20世纪50年代中期，中国的海水养殖业刚刚起步，海带产量普遍较低，方宗熙将遗传学理论应用于海水养殖领域，建立了海带选择育种技术，培育出了"海青一号"优良养殖品种和"海青二号""海青三号"等几个自交系，完成了世界上首例海洋生物优良品种的研究报告，并为后期海洋生物遗传改良研究奠定了重要的理论与方法学基础。

20世纪70年代，体细胞遗传学的发展开辟了植物育种学研究的新时期。在方宗熙教授的指导下，海带单倍体育种技术和"单海一号"海带单倍体新品种的培育技术得以发展，使中国的大型海藻遗传学研究取得了长足进步。

方宗熙教授是我国海藻遗传育种工作的奠基者，他和助手们先后完成了科研论文100余篇，主要有《海带"海青一号"新品种的培育》《海带单倍体遗传育种的实验》《海带杂种优势的初步实验》等，奠定了中国在该领域的学术地位。

方宗熙先生在会议上发言

🌀 重视科普　惠及民众

方宗熙还是一位多产的科普作家。随着生物科学不断发展，一门全新的学科"分子生物学"形成，遗传工程便是运用分子生物学知识的一种先进技术，而现代生物学知识以及遗传工程是方宗熙晚年创作科普作品的主要题材。他笔下的《遗传工程浅说》《遗传工程》等著作既保证了科普作品的科学性，又兼具文艺性和趣味性，同时还挖掘了科学知识本身的故事性，使公众对遗传工程这项崭新的生物技术有了更深入的了解。

方宗熙先生的日记本上写着"生命的价值在于贡献"几个大字，他一直把这句话当作自己的座右铭。方宗熙先生的女儿曾说，记忆中晚年时的父亲在写作时从不用写字台，而是坐在沙发上，用一个硬纸夹，上面放上稿纸写作。生物图也是他自己趴在桌上，摘了眼镜，一点一点画的。有时候问他一句话，要说几遍他才听见，这时候他大概是在构思某篇论文或者科普文章，可见他是多么专心致志。

方宗熙先生在科研工作的征途上呕心沥血、历尽艰辛，却依然保持一颗赤子之心。他笔耕不辍50余载，既是科学领域的开拓者，又是科学知识的播种者，为后人留下了无尽的财富。

科学家名片

方宗熙（1912—1985），又名方少青，男，福建云霄人。生物学家，我国生物遗传学和育种学的奠基人。

主要成就：

长期从事海藻遗传育种研究，培育出了"海青一号"等多个优良海带养殖品种，并推广了海带常规育种的原理和方法；

在海带杂种优势的研究领域作出卓越贡献，培育出高产、高碘、抗病性强的杂交种——"单杂10号"；

出色的科普作家，著有《遗传工程浅说》《遗传工程》等通俗易懂、脉络清晰的科普作品。

拨雾见日出　人间重晚晴
——海洋气象学家王彬华

在中国乃至世界海洋气象学的发展史上，有一位令人敬仰的老人，他的一生"坎坷复复又重重"，像一本厚重的书，留给我们巨大的精神财富，值得后人细细品读。他就是中国海洋气象学的开创者和奠基人——王彬华。

献身科学　报效祖国

王彬华1914年出生于安徽寿县的一个普通家庭，他自幼聪敏好学，1939年以优异的成绩毕业于中央大学并留校任教。

几十年来，王彬华潜心于海洋气象学研究，成果丰硕。他先后发表了多篇学术论文，包括《中国锋面活动与天气》《高空冷涡与渤海低压》《台风对青岛港潮汐的影响》等，还编写了《气象学》《天气学》《普通气象学》和《海雾》等教材和讲义，共计300余万字。其中，《海雾》原为海洋气象专业毕业班专题讲座的讲义，原稿未及印刷，便在"文革"中被全部焚毁，后经重新加工整理，形成专著《海雾》一书，1983年由海洋出版社正式出版。1985年，《海雾》被翻译为英文在世界各地发行。迄今为止，该书仍然是世界上唯一一部全面系统研究海雾的专著。

王彬华始终怀着献身科学、以科学振兴中华的热切愿望，积极投身祖国的科学事业。1946~1956年，王彬华担任青岛观象台台长，他以严格的科学态度、忘我的事业精神，带领团队开始了新的建设。王彬华在恢复旧有设备的基础上，添置新的仪器，培养人才队伍，在极短的时间内相继恢复并发展了气象、天文、地磁、海洋等领域的研究和工作，使青岛观象台的观测、通讯、预报和授时等工作迅速走上正轨。此外，王彬华还积极组织人力，将青岛观象台50年的观测资料分类整理，经过3年努力，编辑出版了《青岛观象台50年纪念特刊》，此刊是我国少有的系统完整的科学资料，其中的气象资料历史悠久、连续性强，尤为可贵。

投身科研　锐意进取

青岛观象台

青岛解放初期，中国人民解放军海军北海舰队接收了观象台的部分工作，当时部队里几乎没有懂专业、有技术的人才，时任观象台台长的王彬华和山东大学一起，为海军培养出300多名气象技术人才，并分配到全国各地的气象台，成为我国最初的一批气象台的中坚力量，也奠定了中国军事气象台的基础。

1953年，王彬华正式调入山东大学物理系气象所任教授。在山东大学任教期间，经他积极倡议，学校于1956年在海洋系内创建了气象组后，又于1959年将其发展成为我国唯一的海洋气象专业，并成为我国第一批硕士学位和博士学位授予点。王彬华和同事一起，克服重重困难，经过不懈努力，从专业计划、教学方案到教材和实验设施的落实工作，一项一项有条不紊地推进完成。为了适应客观需要，他和气象专业教师共同努力，更新教材内容，开设新课，并亲自担任研究生的培养任务，受教于他的学生不下几千人，真正称得上"桃李满天下"。

品格高尚　淡泊名利

王彬华出生在战火纷飞的年代，曾历经枪林弹雨的抗日战争，走过动荡不安的"文革"岁月，苦难和坎坷造就了他高尚的品格和坚定的信念，也留下了许多耐人寻味的故事。

抗战时期，满腔热血的王彬华以技术人员的身份参加了中美合作所的工作，通过气象资料为飞机提供天气预报，这项工作为当时的防空工作作出了重要的贡献。抗战胜利后，他来到青岛接管观象台，竟然发现三名日本技术员坚持在工作岗位上等他来交接，那时日本人留在中国是要冒极大风险的。他虽然痛恨侵略者给祖国带来的创伤，但却被这种为科学献身的精神所感动，与三位技术人员延续了半个世纪的友谊。

人民解放军接管青岛观象台后，部队实行供给制，干部和战士都没有薪水，而王彬华却可以享受地方技术人员的优厚待遇。他并不清楚这种分配上的差别，但是觉得别人没有工资，自己也坚决不能要，便几次将工资退回。最终上级决定也对他实行供给制，并撤回了给他配备的厨师和司机。

2011年4月13日，王彬华因病在青岛去世。先生一生对学生言传身教，对科研一丝不苟，淡泊名利，品格高尚。"云山苍苍，江水泱泱，先生之风，山高水长"。

科学家名片

王彬华（1914—2011），男，安徽寿县人。海洋气象学家，中国海洋气象学的开创者，中国海洋大学海洋气象学专业的奠基人。

主要成就：

著有《海雾》一书，迄今为止仍然是世界上唯一一部全面系统研究海雾的权威专著；

2004年获得国内气象领域首次设立的最高奖项——"气象终身成就奖"。

平凡而伟大
——中国海洋化学奠基人李法西

李法西，我国著名的海洋化学家，中国海洋化学学科的奠基人之一。他的一生既平凡又伟大：平凡，是因为他谦逊朴实；伟大，是因为他为祖国的海洋化学发展奠定了基石。斯人已去，但精神永存。

响应号召　报效祖国

李法西，又名李曦，福建省泉州市人，1916年8月24日出生于菲律宾马尼拉市的一个爱国华侨家庭，父亲是同盟会早期会员。少年时代的李法西读过夜校、当过学徒、办过刊物，家庭的影响和生活在异国他乡的孤独感激发了他的爱国心，也让他更加向往回到祖国的怀抱。

1936年，他回国求学，并于1943年毕业于中央大学化学系，后在中央大学和厦门大学执教；1948年，他赴美国俄勒冈大学化学系研修，翌年获硕士学位，并转入美国加州理工学院攻读博士学位。1950年朝鲜战争爆发，李法西还没来得及取得博士学位，即响应周恩来总理的号召，排除各种阻力，于当年秋天经中国香港回到祖国。

一心科研　虽苦亦甜

回国后，李法西在厦门大学化学系任教，致力于胶体与表面化学的研究。1958年以后，为了响应国家发展海洋事业的需要，他开始参与中国海洋学科的创建工作。1959年，他在厦门大学创建了海洋化学专业；1960年在原福建海洋研究所（设于厦门大学，1962年5月改称中国科学院华东海洋研究所）创建了海洋化学研究室；1963年起，李法西担任国家科委海洋组海洋化学分组组长，参与制定我国海洋科学十年发展规划，他也是1963年5月向国务院、党中央写信建议成立国家海洋局的29位专家之一。

与此同时，李法西全身心地投入到海洋化学的研究工作中，成为中国海洋化学研究的学术带头人。他根据海洋化学研究的新动向和中国海域的特点，确定了研究目标，带领研究团队运用物理化学与胶体化学的理论与方法，对海洋地球化学过程进行比较定量研究。他发表于1964年的论文《河口硅酸盐物理化学过程研究》在中国河口化学领域具有开创性意义。

"文革"期间，李法西虽然受到不公正的对待，但他仍积极投入教学科研之中。他亲自带领学生深入盐场、工厂，探索海水化学资源开发的新途径，同时他还负责《海洋调查规范》的编写工作，主持了一系列国外海洋化学专著的翻译，为后来中国海洋化学学科的发展打下了良好基础。

况，回国后就中国海洋化学学科的发展方向提出了重要意见。

李法西认为海洋化学的主要研究方向应是研究海洋中的各种化学过程，强调了化学海洋学的重要意义，就中国海洋科学的发展提出了若干设想。李法西提出，海洋化学要跟其他海洋学分支学科相互渗透、互相配合，以解决综合性的海洋问题，后来的实践证明，李法西的这些看法和建议是很有预见性的。

1978年4月，李法西等人率中国海洋科学代表团访美

🐟 科学春天　如鱼得水

1978年，科学的春天悄然而至，中断多年的研究工作得以继续。在中央有关部门的直接干预下，"文革"之中加于李法西的无端罪名得以消除。他与国家海洋局罗钰如局长一起，率"文革"后中国派出的第一个海洋科学代表团赴美考察海洋科学研究的情

🐟 精心育人　鞠躬尽瘁

李法西极其重视中国海洋化学人才的培养。他和同事们一起在厦门大学海洋系建立了海洋化学博士点。此外，他先后选派近20名研究生和助教出国学习，为他们选择世界一流的海洋科学的导师。这些留学人员学成回国后，在中国科学院系统、高等教育系统

和海洋研究系统都发挥了骨干作用，成为中国海洋化学学科的中坚力量。为加强国际交流，李法西还推荐国内优秀的海洋工作者参加了多个国际海洋组织的各类工作。

夜以继日的工作使李法西积劳成疾，1980年开始，他的视力急剧下降，身体也日渐衰弱。为了争取时间，他多次推迟以至取消身体检查、休养和住院治疗，坚持工作。晚年病重期间，他作为中方的主要科学家代表参与了中美合作的首次长江口调查的组织工作，还多次参加国内外学术会议，亲自指导研究生的论文，筹建海洋化学实验室，并审定了《中国大百科全书》的海洋化学部分。他以实际行动践行了自己的座右铭："春蚕到死丝未尽，好烛放光泪不流。"

1985年，李法西先生在厦门病逝。生前，他经常教导他的学生："一个人活着是为了贡献于人民，而不是为了攫取。"这句话也是先生一生的真实写照，先生无私奉献、博大包容的形象将永远屹立在海洋科技史册里，也将留在后来者的心中。

科学家名片

李法西（1916—1985），男，祖籍福建泉州市。物理化学家与海洋化学家，中国海洋化学学科的主要奠基人之一。

主要成就：

创建了厦门大学海洋化学专业；

发表了首篇海洋化学论文——《河口硅酸盐物理化学过程》，开创了中国河口化学领域的研究；

主持了一系列国外海洋化学专著的翻译，为中国海洋化学学科的发展打下了良好的基础。

遨游浩瀚大海　谱写科学人生

——中国物理海洋学奠基人毛汉礼

青岛的福山路幽静安详，历史的厚重感扑面而来。福山路的尾端有一处名人故居——福山路36号，一位名叫毛汉礼的学者曾经居住于此。望着这栋静谧的小楼，人们依稀能看到毛汉礼先生端坐在办公桌旁，炯炯有神地注视着远方，流露出对中国海洋科研事业无限的眷恋和期待。

毛汉礼故居

出身贫寒　志向高远

1919年1月25日，毛汉礼出生于浙江诸暨的一个农民家庭。1938年，他依靠奖学金以优异成绩完成高中学业，考入国立浙江大学史地系；1946年，毛汉礼考取了当时教育厅招收的公费留学生，赴美国加利福尼亚大学进修海洋学，1951年获得博士学位。

作为一名忠诚的爱国主义者，完成学业后他马上申请回国，希望能为祖国海洋科研事业效力，但美国政府不让我国学理工科的留学生回国，毛汉礼十分气愤，运用法律手段与美国移民局抗争。这一切的艰辛和抗争都体现了一个中国知识分子的铮铮铁骨和爱国之情，1954年8月，他终于实现了多年的夙愿，回到了祖国的怀抱。

) 扎根青岛 扬帆远航

工作中的毛汉礼教授

回国之后，毛汉礼立即来到新中国当时唯一的海洋研究机构——中国科学院海洋生物研究室工作，担任中国科学院海洋生物研究室副研究员，领导该室海洋环境组的工作。

毛汉礼归国之际，正值我国大力发展海洋科学事业之时。毛汉礼常说："海洋科学是一门综合性、实验性很强的科学，没有准确可靠的调查资料，就很难得出准确的结论。"1956年，他参加了由周恩来总理亲自领导的"十二年科学规划"海洋学部分的制定工作，为了做好这项工作，毛汉礼在国内条件尚未完善的情况下，亲自参与了中国海洋科学事业发展的许多个"第一次"。他参与领导了我国第一艘专用海洋考察船"金星号"的改装工作；1957年7月，"金星号"调查船投入使用之后，他领导开展了我国第一次大型综合海洋考察——"渤海及北黄海西部综合调查"；其后，他又主编了我国第一部海洋综合调查报告——《渤海及北黄海西部综合调查报告》。在进行了大量实地考察工作之外，毛汉礼在学术理论方面同样大有作为，1957年，毛汉礼与日本著名海洋学家吉田耕造合作，写成《一个大水平尺度的上升流理论》一文，该文被认为是上升流理论研究的经典文献之一。

调查结束后，他参加并指导了"黄东海水文现象和水团分析"的研究工作，其研究成果仍是迄今为止阐述黄海水文与水团最全面、最系统的文献。

20世纪70年代后期以来，他主持了院管重点课题"黄东海大陆架综合调查研究"和"黄东海环流结构与海气相互作用的研究"。这两项研究共完成重要论文报告30余篇，其中"东海环流结构中的两个主要分量（长江冲淡水及东北部气旋型涡旋）"和"黄东海水文物理学的调查研究"分别获得中国科学院1985年重大成果一等奖和二等奖。1980年，他当选为中国科学院地学部学部委员（院士）。

) 精心育人 桃李满园

毛汉礼非常重视人才培养。他曾大声疾呼："要出高水平的成果，必须有高水平的人才。"要想建立一个过硬的科学团队，培养人才是头等大事，因此他经常鼓励年轻的科技工作者要"青出于蓝而胜于蓝"。回国之初，毛汉礼发现很多年轻人的英文水平较差，为了让学生接触到世界先进科研成果，他在夫人的帮助下，翻译出了200万字的西方海洋科学经典著作，其中《海洋》一书被认为是到20世纪40年代为止，全世界海洋科学最全面、最系统、最权威的著作，这本书的编译出版对于我国当时的海洋科学知识传播起到了重大作用。

给学生授课的毛汉礼教授

　　毛汉礼为人才培养事业献身的精神，使得他所培养的很多研究生和博士生遍布全国各海洋机构，成为海洋科学研究领域的中坚力量，毛汉礼也因此被誉为"精心育人、桃李满园"的科学家。

　　1988年11月22日，毛汉礼先生因心脏病突发抢救无效，在青岛逝世，终年70岁。先生一生治学严谨、不辞辛劳、埋头工作、一心报国，是一位受人敬爱的科学家。1995年，青岛市政府决定在百花苑兴建青岛文化名人雕塑园，毛汉礼也是其中之一，他对学术精益求精、对事业无私奉献的精神将永远感染着每一个人。

科学家名片

　　毛汉礼（1919—1988），男，浙江省诸暨人。物理海洋学家，我国海洋科学的奠基人之一，中国科学院学部委员（院士）。

主要成就：

与他人合作提出的上升流理论模式至今仍被广泛使用；

与同事合作，首次提出了浅海跃层的研究方法；

参与并指导了黄东海水文现象和水团分析的研究工作，其研究成果仍是迄今为止阐述黄海水文与水团最全面的、最系统的文献；

著有多部重要的海洋科学著作，如《动力海洋学》《海洋科学》，均具有重要的学术价值和实践指导意义。

高山仰止　斗南一人
——河口海岸学家陈吉余

陈吉余这个名字似乎并不被大众所熟知，然而你若听说过丹东港、三峡工程、浦东国际机场，在河海涛声中对这些浩大的工程追本溯源，你或许会被"陈吉余"这个名字所震撼。"服从真理，揭示自然，承担重担"这三个宏伟的理想，被他用一甲子的光阴实践。

北斗：真理的追求者

1921年，陈吉余出生于江苏省灌云县，1941年，他被国立浙江大学史地系录取，1945年，他又在母校继续攻读地貌学专业的硕士研究生，师从叶良辅教授。在前代星辰的照耀下，陈吉余成为一颗冉冉升起的新星。

在科研生涯中，陈吉余一直把"讲真话"作为人生信条。1989年，上海市讨论水源地选址的问题，政策初步定下后，在商讨中陈吉余等人是少数派，他们顶着压力一边调研，一边完善方案。自1990年提出"干净水源何处寻，长江河口江中求"的观点，又经过长达16年的科研论证，青草沙水库于2010年基本建成，取自长江江心的优质原水惠及上海的千家万户。

青草沙水库

泰山：学科的奠基人

陈吉余的导师叶良辅是地理学界的巨擘，1946年，叶良辅让陈吉余参与钱塘江地质调查项目，从此，陈吉余被带入河口海岸学的世界。尽管疾病缠身，但叶良辅坚持带学生进行野外考察，陈吉余也继承了老师这种"实践出真知"的精神。恩师的学术引领和脚踏实地的精神一直伴随着陈吉余，他踏遍祖国万里海岸线，直至白发苍颜，最终成为河口海岸学的泰斗。

1956年，在主持中科院地理所工作的竺可桢的指导下，陈吉余创建了我国第一个河口海岸研究机构。从研究室到研究所、研究院，再到河口海岸动力沉积、动力地貌综合国家重点实验室，陈吉余始终是这一领域的带头人，他是中国河口海岸理论应用与工程实践的开拓者，理论和实践"两手抓"，"两手"都很硬。

陈吉余还倡导并组织参与了"全国海岸带和海涂资源综合调查"，他主持了浙江温州海岸带试点工作和《全国海岸带和海涂资源综合调查简明规程》的编写，提出了海涂释义、海岸带内涵等基础概念，为我国海岸带调查的范围提出了理论根据。

在充分进行理论调研的基础上，他为丹东大东港选定西水道建万吨级港；给杭州湾金山石化总厂陈山原油码头绘出引桥轴线，将码头建在激浪巨涛间；他针对上海港岸线不足的问题，提出了人工岛、港道式方案。全国20余个港口，都有他研究和论证的痕迹。而在围海工程研究方面，陈吉余总结了中国海塘工程的经验，分析了世界围海工程的发展，带动了学界对人工海岸的研究。他还建议将浦东国际机场建于海堤之外、潮滩之上，这一建议减少征地7000余亩，为国家节省了数以亿计的投资。

进行实地调研的陈吉余

沧海：未来的孕育者

2016年，陈吉余获得国家海洋局颁发的"终身奉献海洋"纪念奖章。他如同大海一般，平静而深邃，献出丰硕的科研成果，为国家的经济发展提供支持；孕育大批科研人才，为未来的科研工作打下根基。

　　陈吉余创建了与河口海岸相关的诸多学科，也为国家培养了许多河口海岸学的科研人才，建立起高水平的学术梯队。他从先辈那里继承来的专业知识、治学态度、科研精神与品格情操，皆在一言一行中传递给了学生。陈吉余强烈的事业心与责任感，实事求是、注重实践的治学态度，提携后进的品格，都让跟随他的学子印象深刻。陈吉余的学生以及诸多海洋科学领域的中流砥柱在陈吉余逝世后，相继发文悼念。他们忘不了恩师从河川到海滩的足迹，忘不了他耄耋之年依然奋斗的身影，忘不了他于病榻之间对学生的教诲。那个90多岁依然活跃在科研一线的老人，时间只能在他的肉体刻上痕迹，他的灵魂还是泥滩上那个蹚着浪花前进的青年。

　　2017年11月28日上午11时15分，注视过星空、山川与大海的陈吉余闭上了眼睛。上海市华山医院阳光安然，中国河口海岸学却失去了一颗明星。96载光阴如滔滔江河，此刻奔涌入海再不回返，中国河口海岸学失去了一座"泰山"。不过北斗的光还在闪耀，沧海的颂赞仍将流传。

科学家名片

　　陈吉余（1921—2017），男，江苏灌云人。河口海岸学家，中国工程院院士。

　　主要成就：

　　开拓了以动力、沉积、地貌相结合为特色的河口海岸学科体系，创建了中国最早的河口海岸研究机构，培养了大批河口海岸学科带头人和学术骨干；

　　倡导了中国海岸带和海涂资源综合调查，主持编写了《全国海岸带和海涂资源综合调查简明规程》，为中国海岸带调查的范围提供了理论根据；

　　先后对中国20多个港口进行研究和咨询论证，提出正确选址和施工方案，保证工程发挥应有效益；

　　总结中国海塘工程的经验，分析世界围海工程的现状和发展趋势，组织国际知名学者进行人工海岸研究。

与水为伴　水人交融
——水利海岸工程学家严恺

严恺，这位终生致力于中国大江大河的治理和海岸带综合开发利用的科学家，他一生的丰富经历仿佛一本生动的教科书，留给后人细细品读。

少年英才探索忙

严恺幼年时父母双亡，由二哥抚养长大。他17岁就考入大学，连续的跳级，让他在学习时不可避免地有一些吃力，但思维敏捷又勤勉好学的他，不仅没有落下功课，反而在毕业时成绩跃居年级榜首。1935年，严恺因为成绩优异，获得留学荷兰的机会，开启了自己的深造之路。

留学生活并没有想象中的容易，但年轻的严恺干劲十足，求知欲旺盛。虽然严恺在大学时已经能够熟练地使用英语，但荷兰语的限制却让他倍感压力，不服输的他通过三个月的生活学习，就能听懂教师用荷兰语讲述的课程。此外，他还在暑假期间学习了德语，并以优异的成绩通过了初级班和中级班的考试；他还利用回国前在法国的月余时间，掌握了简单的法语会话能力，并能够阅读用法语写成的科研资料。

通晓多国语言的严恺，此时才26岁，是当之无愧的少年英才。

一生不舍江海情

1938年11月，在祖国处于生死存亡之际，严恺毅然回到祖国。此后，无论在哪里就职，他

1958年，严恺组织工作组讨论研究长江口治理问题

考察中的严恺院士

都潜心于江河湖海的研究和发展，为祖国的发展作出了巨大的贡献。

　　严恺不仅积极热情地从事水利工程领域的工作，还致力于海岸工程的研究。1951年，严恺被聘为塘沽新港建港委员会委员，全面负责科研技术工作。这一项目成了严恺科研生涯中的"代表作"之一，经过他的努力，天津港解决了严重回淤的问题，论证了淤泥质岸滩也可建成深水大港，对日后国内外的建港工作都有重要的指导意义。在这个过程中，严恺创立了"理论指导、科学实验、现场观测三结合"的学术指导原则，这也成为他坚守终生的学术原则。

　　面对浩瀚的汪洋大海，严恺并没有"望洋兴叹"，而是选择用双脚和双手丈量祖国漫长且资源丰富的海岸线。1980年，严恺带领全国500多家单位的万名科研人员，进行了"全国海岸带和海涂资源综合调查"，这条路一走就是8年。这次调查获得了极为丰硕的成果，他主编完成的《中国海岸带和海涂资源综合调查报告》，为我国海岸带资源的开发利用提供了科学依据，1992年获国家科技进步一等奖，《中国海岸工程》1995年获全国高校系统优秀学术著作特等奖，严恺先后被选聘为中国科学院院士、中国工程院院士，1996年获首届工程科技奖，1997年又获何梁何利科技进步奖。一点一滴的汗水和日夜探索，铸就了严恺的累累荣誉。

满腔热忱倾教育

　　1952年，华东水利学院（河海大学前身）成立，背后的筹建人正是严恺。他将自己的心力放到教育中去，为给祖国培养更多的水利专业人才而努力着。为了更有效率地进行知识的传授，他在草棚搭建的校舍中给学生上课，学生们都难以忘怀那段辛苦却又充实的日子。

　　1982年，华东水利学院迎来了建校30周年庆典，已经70岁的严恺挥毫写下华东水利学院纲领中的纲领——十六字校训："艰苦朴素，实事求是；严格要求，勇于探索。"这16个字，既是他对学校与学子的期许与要求，也是对自己一生践行原则的总结："水利是艰苦的事业，所以，作为一名科技工作者，在生活上一定要艰苦朴素。要坚持实事求是的

艰苦朴素　实事求是

严格要求　勇于探索

严恺

严恺先生题写的华东水利学院（河海大学前身）十六字校训

原则，科学是严肃认真的，不能马虎，所以还要严格要求，要有创新精神，才能取得独特成就。”

严恺院士为国家的水利和海岸工程领域培养了大批人才，为了奖励教学能力强、成绩突出的师生以及全国水利系统的优秀科研人才，他还捐款设立了"严恺教育科技基金"。虽然这位备受赞誉的科学家在2006年永远离开了我们，但他的精神依旧鼓舞着我们，他的事迹会激励着我们一直前行。

科学家名片

严恺（1912—2006），男，祖籍福建闽侯。水利海岸工程学家，中国科学院、中国工程院、墨西哥科学院三冕院士。

主要成就：

开创了我国淤泥质海岸研究事业，为建立海岸动力学、海岸动力地貌学打下了坚实基础；

负责指导全国海岸带资源综合调查研究工作，并主编完成《中国海岸带和海涂资源综合调查报告》，为我国海岸带资源的开发利用提供了科学依据；

在风浪与海堤的相互作用机理、海岸工程泥沙运动研究等领域都取得重要成果，主编了《中国海岸工程》一书；

主持"天津新港回淤研究"，为解决天津港的严重回淤问题以及建成深水大港作出重要贡献。

海上耕耘踏碧波
与"浪"共舞谱华章
——物理海洋学家、中国海浪学科的开拓者文圣常

时间：1946年1月。

一望无垠的太平洋，滔滔巨浪推涌追逐，宛如千军万马挟雷鸣奔腾而至，轰鸣的马达与海浪拍击船头的声音交织在一起，永无休止地喧闹着，一艘笨重的轮船犹如扁舟颠簸，快速驶向目的地——美国。空荡荡的甲板上，一位年轻人望着排山倒海的波涛入了迷，脑海里灵光一闪：海浪蕴藏着巨大的能量，倘若开发利用，必将成为重要的海洋资源。

这个年轻人名叫文圣常，谁也想不到，这趟旅程竟叩开了他70载海浪研究的大门。

踌躇满志 碧海启航

1944年，文圣常毕业于武汉大学机械系，并于1946年前往美国航空机械学校深造。在美国留学期间，他不仅认真学习航空机械专业知识，还翻译了《原子轰击与原子弹》一书，并致力于研究利用海浪能量的动力装置模型，该模型于1948年试验成功，引起很大反响，从那时起，海浪研究的种子已经深深地扎根在了文圣常的内心深处。1953年，经青岛观象台推荐，文圣常受中国著名物理海洋学家赫崇本教授邀请来到位于青岛的山东大学，创建海洋系，就此踏上了海浪研究之路。

海浪弄潮　谱写华章

文圣常院士来到青岛已有60余年，在这里他取得了无数举世瞩目的成就。20世纪50年代中期，文圣常吸取"能量平衡法"和"谱法"这两种国际盛行的海浪研究方法的经验，开创了将谱概念与能量平衡相结合的新方法，用以描述风浪成长全过程，弥补了我国海浪研究的空白。他于1960年在《中国科学》英文版上发表了《普遍风浪谱及其应用》《涌浪谱》

工作中的文圣常院士

等论文，受到国内外学术界的高度重视，他所提出的风浪谱也被誉为"文氏谱"，这一成果被誉为"东方智慧的结晶"。他在20世纪60年代中期便提出了海浪计算方法，并于70年代制定出近岸工程设计和管理的技术标准，真正做到了将海浪理论成果转化为现实生产力，为国民经济发展服务。在从事海浪理论和应用研究的同时，文圣常还撰写了大量论文，编写了许多专著。其中，1962年出版的《海浪原理》是国内外第一部海浪理论专著，是海浪研究的基石。进入20世纪80年代以后，他首次提出解析形式的风浪谱形，开辟了海洋研究的新方向，使我国这一领域的研究达到国际先进水平。之后，他主动承担起国家"七五""八五"等重点科技攻关项目。1994年他当选为中国科学院院士，成为中国海洋大学历史上的首位院士。

文圣常院士还积极为我国海洋教育事业贡献力量，不仅编著了《海浪学》等教材，还亲临讲台，为学生授业解惑。多年来，文圣常院士可谓是桃李满天下，中国海洋学界第一位在国内获得博士学位的研究生孙孚教授正是师从文圣常院士，此后一批批杰出学子正追随着文圣常院士的脚步，在浩瀚海洋中扬帆远航。

以身相许　老而弥坚

光阴荏苒，文圣常院士年事已高，在科研和教学事业上，他已退居二线，但仍心系海洋事业，80多岁高龄时，还坚持每天上"三班"，上午、下午和晚上都要来学校，除春节休假几天外几十年如一日。有时，他会在海大的文苑楼里伏案工作十余个小时，可见其超乎寻常的毅力和钟爱海浪研究工作的满腔激情。2002年，《中国海洋大学学报》英文版创刊，文圣常院士担任主编一职，十几年来，他坚持逐篇逐字修改待出版稿件，保证了文章的学术水平，提高了刊物的声誉。由此可见文圣常院士潜心学术的精神，他那孜孜不倦、事必躬亲的态度也永远是我们学习的典范。

文苑楼

虽然在学术上"锱铢必较"，文圣常院士在其他方面却非常淡然。1999年，他获得"何梁何利基金科学与技术进步奖"，并获得奖金20万港币，但获奖之后，他分文不留，一半捐给了家乡的一所初级中学，用于修建一栋海洋希望教学楼，另一半捐给了海大，用于设立文苑奖学金，自此之后，他多次捐款，用以补充文苑奖学金。2014年，文圣常院士获得中国教育"烛光奖"，这一奖项可谓是实至名归，文院士正如一盏明灯，照亮后来人前行的道路。

在海浪学发展的历程中，"文先生"是一个响亮的称谓。他治学严谨、勇攀高峰的科学精神堪称学术界的表率和典范；他淡泊名利、谦恭内敛的君子之风令人敬仰；他甘于奉献、勤恳敬业的人文精神时刻感染和影响着我们。这位年过九旬的老者，带来了无数精神的宝藏，需要人们去探索，去领会。

科 学 家 名 片

文圣常（1921— ），男，河南光山人。物理海洋学家，中国海浪学科的开拓者和物理海洋学主要奠基人之一，中国科学院院士。

主要成就：

在国际上首次提出解析谱型"风浪频谱"；

建立了中国的海浪计算方法，创造了中国海浪数值预报模式；

海浪理论专著《海浪原理》《海浪理论与计算原理》享誉世界。

生命的意义在于奉献
——海洋生物学家、甲壳动物学家刘瑞玉

"**活**一天就要干一天的工作"，这句话是中国科学院院士刘瑞玉的人生哲学。他心念海洋，脚踏实地，在科学领域指点江山，践行了自己的豪情壮志，用一生向后人诠释了为科学献身的真正含义。

鸿鹄之志　献以海洋

1922年11月4日，刘瑞玉出生于河北省乐亭县。1941年，刘瑞玉考取了北平辅仁大学生物系，4年后他大学毕业，进入北京大学药学系任助教。大学教育让他收获颇多，为日后的科研之路打下了坚实的基础。

1946年，他进入当时北方最高科研机构——国立北平研究院动物研究所工作，跟随著名甲壳动物学家沈嘉瑞教授从事甲壳动物生活史和分类学研究。1950年8月，中国第一个海洋研究机构——中国科学院水生生物研究所青岛海洋生物研究室成立，在这里，刘瑞玉开启了甲壳动物学和海洋生物学研究的新征程，这条路，他一走就是半个多世纪。

工作中的刘瑞玉院士

书"户口簿"　功不可没

1956年，由于海洋科学发展的需要，刘瑞玉开始了海洋底栖生物生态学研究。1957年，他参加

2010年，坚持在实验室工作的刘瑞玉院士

2007年，刘瑞玉院士荣获国际甲壳动物学会
杰出研究贡献奖

了我国第一艘综合海洋调查船"金星"号的科学考察工作。1958~1962年，他参与了"全国海洋综合调查"和"中越北部湾海洋综合调查"工作，负责底栖生态调查研究，从制订计划、编写调查规范、培训指导技术人员，到参加海上调查、资料整理和图集与报告的编写，他都面面俱到，对待每一件事情他都亲力亲为。1959~1965年，刘瑞玉主持编绘了《渤黄东海渔捞海图——海洋学图集》，并完成了反映黄、东海底栖动物区系特点的动物地理学论文3篇，成为这一领域的重要文献。

在我国对虾养殖的发展过程中，刘瑞玉也功不可没。1977年，他赴阿尔及利亚进行首次欧洲对虾人工育苗实验，获得成功，为祖国争得了荣誉。1978~1983年，他担任全国对虾人工育苗攻关领导小组副组长，指导全国对虾育苗和养殖研究，使我国对虾增殖生态基础研究水平位居世界前列，受到国际同仁的高度评价。此外，他还主编了《胶州湾的生态学和生物资源》一书，该书系统地反映了胶州湾环境和资源特点，具有重大学术价值。

为了获得第一手海洋生物样本，85岁高龄的刘瑞玉院士无惧风浪，坚持乘船出海。正是刘瑞玉院士对待科学的严谨态度和一丝不苟的精神，使得由他主编的里程碑式著作《中国海洋生物名录》得以顺利出版，这部书提供了真实可靠的中国海洋生物的详细信息，堪称中国海洋生物的"户口簿"。2007年，刘瑞玉荣获国际甲壳动物学会颁发的"国际甲壳动物学会杰出研究贡献奖"，从而改写了这一国际奖项获得者中没有亚洲人的历史。

鞠躬尽瘁 意志坚定

在单位里，刘瑞玉院士是出了名的"工作狂"，为了省出搞科研的时间，他午餐只吃方便面，因此被称为"方便面院士"。他的学生曾说，老师的字典里没有"休息"两个字，一年365天他永远都在工作，与时间赛跑。刘瑞玉为科研献身的坚实意志，让很多年轻学者都自愧不如。刘瑞玉院士在提携后学、培养人才方面也从不藏私，中科院海洋研究所副所长杨红生说，海洋生物分类是一项既枯燥又不易出成果的工作，刘瑞玉发现我国在这一领域的基础研究较为薄弱，在85岁高龄时仍坚持亲自带博士生、硕士生，为我国培养了大量海洋科学的后备人才。

2012年7月16日，刘瑞玉院士带着对科研事业的挂念，带着对海洋的不舍，离开了这个世界。先生直至生命最后一刻都在为科研工作操劳，用一生诠释了为科学献身的真正含义，蜡炬燃尽光犹存，他的科学精神将是海洋科技工作者心中永远的灯塔。

科学家名片

刘瑞玉（1922—2012），男，河北乐亭人。海洋生物学家和甲壳动物学家，中国海洋底栖生物生态学奠基人和甲壳动物学的开拓者，中国科学院院士。

主要成就：

编绘了《渤黄东海渔捞海图——海洋学图集》，主编了《中国海洋生物名录》；

开拓并发展了海洋动物多个重要类群（特别是甲壳动物）分类区系研究；

全面总结、阐述了中国海洋底栖生物群落结构和生态特点，特别是区系组成与生物地理学特点，填补了国内甲壳动物几个类群的空白；

首次发现黄海深水区冷水性动物群落占绝对优势，指出长江口—济州岛一线为北温带区东亚亚区系与暖水区系中日亚区间的分界线，从而澄清了黄东海区系的地位。

耕海牧贝几十载
"八珍" 走进百姓家
——海洋生物学家、水产养殖学专家张福绥

科技界流传着这样一句话："吃扇贝不忘张福绥。"扇贝，曾是被列为海鲜"八珍"之一的"舶来品"，现在早已走入寻常百姓家。这一转变，有"扇贝之父"之称的张福绥院士功不可没。

走近千家万户的海产品——扇贝

))) 辗转求学 与"贝"结缘

1927年12月27日，张福绥出生在山东昌邑。1949年9月，张福绥考入国立山东大学水产系养殖专业，在此期间，张福绥进行了系统的海洋科学水产专业学习，为今后的科研工作打下了坚实的理论基础。

1953年张福绥大学毕业后，被分配至广东省水产学校工作，担任养殖科教员，教授"浮游生物"及"贝类养殖"等课程。当时正值国家百废待举、百业待兴之际，科研资料也颇为

贫乏，学校在教材方面遇到了一些难题，张福绥便一边授课一边开展调查研究修订教材。1956年9月，张福绥成功考取了中科院海洋生物研究室的研究生，师从张玺教授研习贝类分类学，叩开了海洋科学的大门，与"贝"结下了不解之缘。

耕海牧贝　成绩斐然

1962年4月，张福绥研究生毕业，开始系统研究中国海洋浮游软体动物和底栖贝类的种类及分布。另外，他协助张玺教授进行海洋动物地理学研究，以底栖软体动物为材料，将我国海洋动物区系进行了"亚区级"区划，为贻贝苗种繁育和扇贝引种打下基础。

20世纪70年代，海洋开发和利用成为世界趋势，海洋中的蛋白质提取成为研究焦点。张福绥带领研究组实施与发展实验生态学及贝类养殖学有关研究项目，并取得了多项重大成果：首次系统研究了黄海贻贝的生长与繁殖以及幼体生态学规律；率先指出了山东沿岸贻贝苗源发展的制约因素主要是附着基数量和生殖群体数量不足；首次将贻贝育苗工厂化，使育苗单产量创世界最高纪录。这些成果都促进了我国贻贝养殖业的迅速发展。

漂洋过海　引进扇贝

20世纪80年代，我国黄渤海海域的浅海养殖种类缺乏、效益低下，张福绥将目光投向了扇贝生物学及引种、养殖研究。1981~1982年，他先后3次远赴美国，亲自引进海湾扇贝亲贝，却均以失败而告终。1982年12月16日，张福绥第四次赴美，带回128只扇贝。1983年1月26日，亲贝仅存活26个，成活率为20.3%。

为了照顾好这26只扇贝，张福绥和课题组的同事们吃在研究室，住在研究室，一个多月以后，小贝苗终于在中国诞生了。通过进一步的研究，张福绥和同事解决了亲贝促熟、饵料、采卵、孵化、幼虫培养、苗种中间培育、养成等关键技术问题，建立了一整套工厂化育苗及全人工养成技术。

实验的成功，让我国形成了世界上第一个海湾扇贝养殖产业，这一产业也成为当时我国海水养殖业的三大支柱产业之一，获得了巨大的社会效益和经济效益。此时我国的贝类养殖业产量跃居世界第一，有力地推动了我国海水养殖产业的发展。

潜心科研　造福百姓

　　张福绥曾经说："作为一个农民的儿子，作为人民培养的知识分子、科技工作者，就应该奉献于民，这是我最大的心愿。"他这一生都在践行着这句话。20世纪90年代，张福绥为了解决海湾扇贝长期人工育苗所导致的遗传衰退问题，又开展了"引种复壮"研究项目，取得良好效果，并在1994~1995年对养殖群体进行了种质资源更新，保证了养殖业的健康发展。根据海

1995年，张福绥赴美国引进墨西哥湾扇贝

洋贝类区系的性质及海洋地理生态学规律，张福绥还先后3次引进墨西哥湾扇贝至我国南海与东海，形成了稳定的产业规模。扇贝的大面积推广养殖，让许许多多沿海渔民和养殖户富裕起来，因此许多渔民尊称张福绥为"扇贝之父"。

　　2016年2月9日，这位一生耕海牧洋、勇立潮头的科学家与世长辞，一位为海洋科学奋斗终生的大师永远地离开了我们。先生在工作中，治学严谨，潜心科研，硕果累累；在生活中，严以修身，淡泊名利，朴实无华。他把毕生心血献给了祖国的海洋科学事业，永远是广大科技工作者学习的楷模。

科学家名片

　　张福绥（1927—2016），男，山东昌邑人。海洋生物学家，水产养殖学专家，海洋贝类增殖生物学科和海湾扇贝养殖产业的奠基人，被誉为"扇贝之父"，中国工程院院士。

　　主要成就：

　　成功引进美国海湾扇贝，首创工厂化人工育苗技术；

　　首次系统研究了黄渤海贻贝的繁殖与生长规律，解决了建立自然苗场的关键技术问题，使我国贻贝产量跃居世界首位；

　　"引种复壮"研究及时解决了海湾扇贝养殖群体的遗传衰退问题，保证了养殖产业的可持续发展。

探中华万里河山 寻碧波油气之源

——海洋地质地球物理学家刘光鼎

地球物理天地阔，查知黄泉窥碧落。

卅年初识边缘海，五幕演化华夏格。

三横两竖两三角，岩浆成矿布局活。

油气聚藏盆地里，更有残留待探索。

——刘光鼎

这首诗出自我国著名的地球物理、海洋地质学家刘光鼎的诗集《渔樵之歌》，一词一句尽显一代学术泰斗之胸襟抱负。他曾行遍祖国万里山海，用学无止境的心态潜心学术，将毕生心血投入到海洋地质地球物理和石油勘探领域的研究中。

排万难 牛棚撰写经典之作

1929年12月29日，刘光鼎生于北京；1952年7月，他毕业于北京大学物理系，随后在北京地质学院任教12年。1958年，中科院、地质部和石油工业部联合组建中国第一个海洋物探队，他担任队长；1964年，地质部在南京成立海洋地质研究所，刘光鼎担任地球物理研究室主任，同时担任中国科学院海洋研究所副研究员、国家科委海洋专业组成员。

1965年，地质部第五物探大队和海洋地质科学研究所组成两个地震队联合进行渤海调查，同年12月，在总结渤海物探调查资料的基础之上，刘光鼎与同事合作编写了《渤海海底地质构造初步研究报告》。"文革"期间，刘光鼎目睹中国海洋地质地球物理工作刚刚起步即遭受挫折，深感痛心。在牛棚里，他排除万难，潜心研究，写成《海洋地球物理勘探》一书。

开先河　首编海区地质地球物理系列图

1980年，刘光鼎调到北京，担任地质部海洋地质司副司长，大力推进东海和南海的地质地球物理研究与勘探工作。在此期间，他积极组织国家重点攻关项目——"寻找大油气田的地质理论与方法技术研究"，并担任项目负责人。随后，他组织青岛海洋地质研究所、广州海洋地质调查局和上海海洋地质调查局编制《中国海区及邻域地质-地球物理系列图》，并担任主编。在该书中，刘光鼎第一次系统地将地质和地球物理结合起来，揭示了中国海的基本地质特征和发展演化规律。该书1993年获地质矿产部科技一等奖，1995年获国家自然科学二等奖。

出席会议的刘光鼎院士

1997年，刘光鼎主持中国科学院重大项目"中国岩石圈结构与演化及动力学背景"，在此基础上，提出了中国大地构造"三横、两竖、两个三角"的基本格架理论，金属矿床就分布在横竖结合带上，而陆相油气田就分布在横竖结合带之间。由此，刘光鼎提出中国找油气的新途径。

勇创新 扬起"海相找油"之帆

1993年开始，针对我国油气资源短缺、需大量进口的窘境，刘光鼎于2001年8月17日作了题为"关于中国油气资源的二次创业"的报告，建议在前新生代海相地层中寻找油气，提出了通过"海相找油"，实现中国油气"二次创业"的新思路，得到中央领导的大力支持。不久后，四川盆地普光、元坝、龙岗等一系列大型海相油气田被发现，打破了当时中国油气勘探的坚冰，这其中也浸透了刘光鼎的心血。

后来，就在刘光鼎辛勤耕耘过的东海陆架盆地，相继钻探了18口井，其中有11口井都顺利探到了油气，可以说这样的"命中率"在探寻油气工作中非常高。现在，我国油气勘探市场呈现出一片繁荣景象，而这一派欣欣向荣的好风光，都是建立在刘光鼎大胆的"二次创业"之上。

露情怀 书法武侠常相伴

学术之外的刘光鼎还是一位太极高手，人称"中科院的大侠院士"。从小习武带给刘光鼎强健的体魄，据他的同事介绍，有一次出海考察遇上了12级大风，所有的科研人员都出现了强烈的晕船反应，只有刘光鼎躺在床上，一边吃着东西一边捧着一本金庸小说，醉心于武侠世界。

刘光鼎不仅学术功力深厚，而且爱好广泛。他的书法苍劲有力、潇洒自如，尽显鸿鹄之志；每当在科研领域取得大的突破，他也喜欢写诗抒发心中的激动与感慨，学生们还将他的诗歌整理成《渔樵之歌》诗词选集。

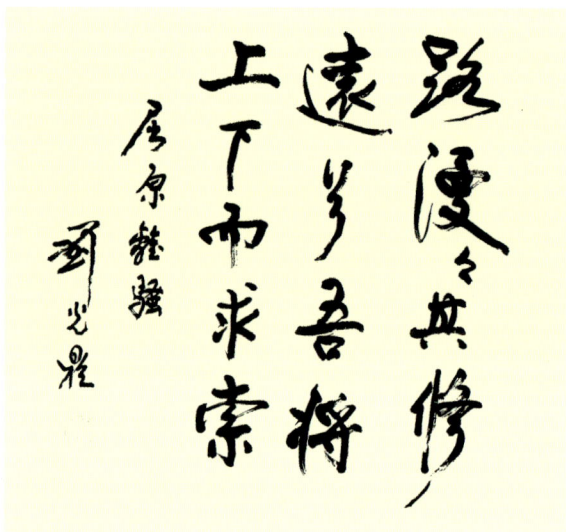

刘光鼎院士书法作品

2018年8月，这位一生为国、侠肝义胆的"大侠"院士，这位豁达开朗、敢为敢当的科学家永远地离开了我们。刘光鼎院士一生的真实写照，可以借用他70岁生日时，学友们为他写的贺词来概括——"鼎言九重持正义，君子德行励后生""光明磊落中流石，鼎力拼搏书山樵"。

科学家名片

刘光鼎（1929—2018），男，山东蓬莱人。海洋地质地球物理学家，被誉为"中国海洋地质之父"，中国科学院院士。

主要成就：

第一次系统地将地质和地球物理结合起来，揭示了中国海的基本地质特征和发展演化规律；

主编完成了中国全海域的第一套地质地球物理系列图，提出中国大地构造"三横、两竖、两个三角"的基本格架理论；

著有《海洋油气勘探与开发》《东海地质与油气勘探》等专著，研究涉及海洋地质、油气勘探和地球物理领域，提出中国油气"二次创业"的新思路。

守海研虫 有凤来仪

——海洋原生动物学家郑守仪

她，热爱祖国，把青春献给祖国；

她，独树一帜，把一生献给海洋；

她，心系群众，把真心献给人民；

她，无私奉献，把成果献给家乡。

她就是我国著名的海洋原生动物学家，中国科学院院士郑守仪。

青春献祖国

1931年5月20日，郑守仪出生于菲律宾马尼拉，虽在异国他乡，但父母经常教育她要心怀家乡，"不能忘祖"。因此从幼时起，郑守仪就心怀祖国，期待有朝一日能重回故土。

1956年6月30日，一家人像往常一样坐在一起吃早饭，心中有事的郑守仪强颜欢笑，暗暗地在与家人做最后的告别，这位爱国又坚强的女青年，放弃了在菲律宾的前途和学业，带上简单的行装，打车直奔机场，并于第二天抵达广州。在火车站广场上，她望着飘扬的五星红旗和一幅巨大的宣传画——《把青春献给祖国》，此时她就暗下决心，一定要为祖国的发展作贡献。

青年时期的郑守仪

在海边工作的郑守仪院士

在实验室中工作的郑守仪院士

一生献海洋

回国后，郑守仪来到首都北京，受到了热情接待，随后她被安排到位于青岛的海洋生物研究室工作。中华人民共和国成立初期，我国现代有孔虫研究尚属空白，研究资料缺乏，郑守仪通过多方努力，短期内收集了大量有孔虫的参考资料，开创了我国现代有孔虫研究工作，这项工作在世人眼里是枯燥乏味的，但郑守仪却在这微观世界里乐此不疲，她要争分夺秒，尽快填补我国在该研究领域的空白并追赶国际领先水平。分类研究如同为有孔虫建立"户口簿"，需要对我国万里海疆中种类繁多的有孔虫进行全面系统的调查，并查阅文献资料，进行种类鉴定和形态描记，这项研究的工作量之大难以想象。为了提高分类研究质量，郑守仪不惜花费大量时间和精力，精心磨片、解剖、观察有孔虫内部形态结构，成功地制作了许多首次向国内外展示的薄切面、半切面以及整体或管道、壁孔等有孔虫内部形态结构塑模，亲自绘制近万幅有孔虫形态图，完成上千测站（次）的定

量计数工作。在此基础上，她全面系统地总结了中国海域有孔虫区系、生态特性和多项有孔虫参数的分布规律。此外，她建立的隔编织虫 Septotextularia 新属，纠正了前人近百年的误识，从而使我国现代有孔虫分类研究后来居上，跻身国际领先行列。

提到科研工作，郑守仪感到浑身有使不完的劲儿，近半世纪以来，郑守仪完成了中国海域1500多种现代有孔虫的分类描记，编写了中国有孔虫研究的经典巨著《有孔虫属及其分类》，获得学界的高度评价和广泛引用。郑守仪获得的成果也被国际学界所瞩目，她多次应邀赴海外参加学术会议，广受好评。2003年，郑守仪获得国际有孔虫研究的最高奖——库什曼奖，她也是第二位获此殊荣的中国科学家。

服务为人民 科普献家乡

1983年7月23日，致公党青岛市工委成立，郑守仪当选为首任主委。作为致公党的一员，郑守仪发扬科学家精益求精和求真务

为公众讲解有孔虫的郑守仪院士

实的精神，积极参政议政，不做挂名的委员或代表，坚持为人民服务，先后提交过300多件议案。她说："社会职务不是一种荣誉，而是报效祖国、为人民服务的一条渠道。既然任了职，就要负起责任来。"

郑守仪还非常重视科普工作，为了让更多人能够系统地了解有孔虫的知识，郑守仪花费多年时间亲自手绘有孔虫形态结构图、雕刻原模、监制大型雕塑。2007年，年逾古稀的郑守仪把有孔虫研究成果无条件捐赠给家乡——广东省中山市三乡镇，并在家乡建设全球首座有孔虫雕塑园和有孔虫博物馆，让更多人认识这些"大海里的小巨人"。在雕塑园建设期间，郑守仪凭借对家乡的深厚情意，百忙之中深入多个工地，寻找有孔虫的踪迹，共雕刻出8个模型，安放在有孔虫雕塑园，成为三乡镇乃至整个中山市研究本土历史变迁、地理资源的重要依据。

归国60多年来，郑守仪在科学道路上一往无前，用青春报效祖国，把一生献给海洋；以真心服务人民，将成果奉献家乡，生动地诠释了科学家自强不息、孜孜不倦的科研精神，树立了敢闯敢拼、无私奉献的崇高形象，她的赤子之心与治学态度激励了一代又一代科研人员投身海洋事业，为中华之崛起而奋斗。

科学家名片

郑守仪（1931— ），女，广东中山人。海洋生物学家，海洋原生动物学家，中国科学院院士。

主要成就：

开创了我国现代有孔虫研究，荣获2003年国际有孔虫研究最高奖——库什曼奖；

全面系统地总结了中国海域有孔虫区系、生态特性和多项有孔虫参数的分布规律；

与同事合作研究中国海域的浮游有孔虫，填补了我国该研究领域的空白；

著有《有孔虫属及其分类》《西沙群岛的现代有孔虫》《中国动物志：胶结有孔虫》等多本著作。

风云变幻无穷尽　科研路上永不止

——气象学家巢纪平

　　1995年，巢纪平当选为中国科学院院士的消息传遍祖国大江南北时，他正在办公室里埋头查资料，做实验，看数据。对巢纪平来说，当选院士与否似乎并不重要，他仍旧在科研道路上所向披靡，从未停下前进的脚步 。

♊ 天资聪颖　少年得志

　　1932年10月19日，巢纪平出生于江苏无锡。幼年时，他聪颖好学，成绩优异，1954年，他毕业于南京大学气象专修科，随即被分配到中国科学院地球物理所工作，在那里，他遇到了人生的伯乐——我国著名大气科学家、地球物理学家和空间物理学家赵九章先生。

　　作为一名科研人员，巢纪平学习刻苦、工作勤奋。1957年，他求出了大地形对斜压西风带影响的非线性方程的有限振幅解，这在当时是重要的理论解，同年他发表了我国第一张48小时数值天气预报图。1961～1966年，巢纪平一直从事中小尺度大气运动和积云动力学研究，首次建立了中小尺度系统动力学方程组。此外，他还发表了国际上最早的积云发展的非线性解和过山气流双平衡态的非线性解，以及对流和环境相互作用的非线性模型。之后，在赵九章先生的提议下，年轻的巢纪平被破格提拔为副研究员，其深厚的学术造诣和敢为人先的奋斗精神为人所称道。

参加讲座的巢纪平院士

思维敏锐　标新立异

许多认识巢纪平的人都称赞他科研思维十分敏锐，作为一名科学家，他能很快捕捉到科研上的敏感点。当短期天气数值预报获得成功后，人们开始研究能否也用数值方法来做月、季或更长时间尺度的长期天气数值预报。巢纪平不仅是国际上最早研究这一问题的科学家之一，他提出的方法和模式还十分具有创造性。1976年，他首次提出用作月、季长期数值预报的海气（包括陆气）耦合的距平模式，这一成果在国内外广受好评，被称为"北京模式"。1979年，巢纪平等人在《长期数值天气预报的滤波方法》一文中，发表了第一组应用该模式进行月预报的例子，预报结果接近观测值，非常成功。

巢纪平还将气象学应用到海洋领域，他领导了我国第一个海洋环境数值预报业务系统。在国际科研合作活动中，他还担任了"中美两国政府关于热带西太平洋海气相互作用研究"中的中方组长和首席科学家，以及"中美大气耦合响应实验"的中方首席科学家。他的《热带西太平洋海气相互作用研究》是国际热带海洋与全球大气研究计划中的一项重要成果，1995年获得国家科技进步二等奖。

无论在哪个研究领域，巢纪平都秉持"一份汗水一分收获"的原则，他相信在科研工作中没有一劳永逸。

事无巨细　亲力亲为

无论是作为一名科研人员、项目领导者，还是作为一名导师，巢纪平对于各项事务都亲力亲为，为年轻的科技工作者作出了榜样。

1984年，巢纪平应邀前往国家海洋局担任国家海洋环境预报中心主任一职。在他任职期间，国家海洋环境预报中心开始通过中央电视台发布海况预报，为社会提供服务。此外，巢纪平积极引进先进设备，把国家海洋环境预报中心办成了一个集业务、科研、教育为一体的单位，并初步建成技术化、工程化、业务化的海洋数值预报系统。

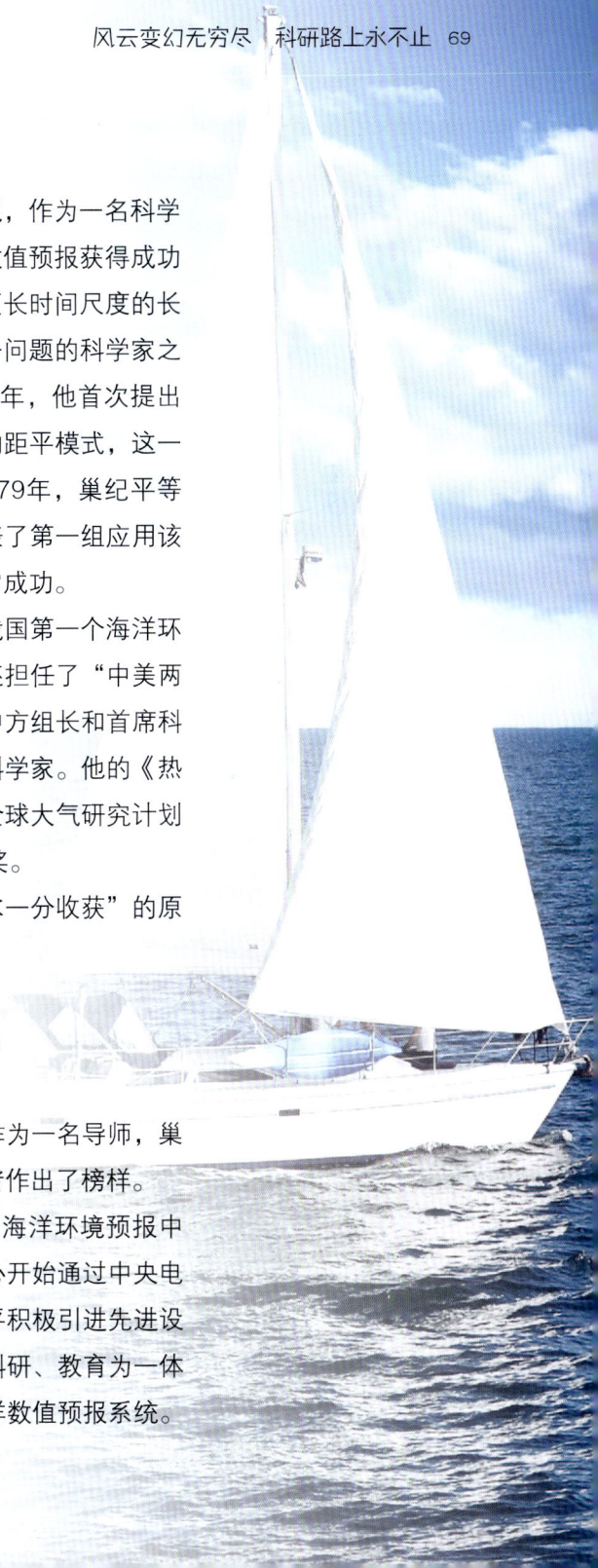

他还向国家学位委员会申请硕士生培养点，并从各单位聘请了一大批优秀的科研人员，使中心的各项科研工作得以顺利进行。不仅如此，他还充分利用各种机会，广泛开展国际合作，对科研工作者起到了开阔视野、活跃思维的积极作用。

作为导师，巢纪平十分关注青年人的发展。他了解每一个学生所擅长的领域，根据他们的特长采取相应的教学方法和手段，坚持因材施教。他经常鼓励学生们要跳脱出现有的框架，培养独创精神，从而做到"青出于蓝而胜于蓝"。他从不对学生加以束缚，只负责把握总思路，放手让学生去做具体的事情，按时听取汇报，指点关键问题，从而锻炼了学生的自学能力。

巢纪平院士身在光环之中，却始终保持谦虚和低调的品质，他为科研呕心沥血，为学术奋斗终生，为培育人才无私奉献。而今，他怀着对科学的执念，带着满腔的爱国热情继续埋头苦干，在为中华民族奏响更加辉煌的乐章而努力。

科学家名片

巢纪平（1932— ），男，江苏无锡人。气象学家，中国科学院院士。

主要成就：

在中小尺度大气运动学方程组研究中，提出了国际上最早的积云发展的非线性解和过山气流双平衡态的非线性解，以及对流和环境相互作用的非线性模型；

首先提出长期数值天气预报的距平模式，并给出月、季尺度的预报结果；

主持领导建立了我国第一个海洋环境数值预报业务系统。

弄潮踏浪 创新为民
——海洋地质学家、中国海洋沉积学的开拓者秦蕴珊

我国著名海洋地质学家秦蕴珊曾说过："看海是浪漫的，出海则是艰苦的，一想起来那惊涛骇浪，依然历历在目，甚至让我能感受到每一滴海水的冰凉。"秦蕴珊院士与大海结下了一生之缘，宽广的海洋给予了他太多的惊喜。

勤勉刻苦 笃志前行

1933年6月1日，秦蕴珊出生于辽宁沈阳。1952年9月，他以优异的成绩考入北京地质学院，这也是他人生中的重要转折点。入学后不久，他便尝到了地质工作的艰辛。1955年，地质部要在柴达木盆地找油，秦蕴珊和他的同学长途跋涉到达格尔木，后到苦水泉工作。他们连续3个多月没水洗脸，有时甚至喝不到水，然而他们但却始终牢记为祖国找石油、找矿藏的使命，强烈的责任感使他们面对艰难困苦全然不顾。

1955年下半年，秦蕴珊开始撰写毕业论文——《柴达木盆地苦水泉构造的地层》。1956年夏天，秦蕴珊毕业，被分配到位于青岛的中国科学院海洋生物研究室工作。同年9月6日，他抵达青岛，第一次看到了大海，从此与海洋结下不解之缘。此后，秦蕴珊的专业由陆地地质转向海洋地质，从此中国海洋地质研究领域增添了一颗明星，中国海洋沉积学多了一位开拓者。

弄潮踏浪 满载而归

1958年，年仅25岁的秦蕴珊在第一次全国海洋综合调查中担任海洋地质课题组的负责人，他带领同事们发表了诸多论文、专著，取得了许多宝贵的成果。1956~1958年，秦蕴珊

1977年，秦蕴珊（左一）在"科学一号"调查
船上进行海洋地质综合调查

工作中的秦蕴珊

等人建立了我国第一个海洋地质实验室与资料库，为中国刚刚起步的海洋地质学研究打下基础，填补了我国这一学科的空白。

秦蕴珊在海底灾害地质与工程地质研究方面也作出了突出贡献。20世纪60年代初期，我国在渤海海域进行了地球物理勘探，发现渤海的油气潜力十分巨大，决定开展钻探工作，前期的工作交由中国科学院海洋研究所承担。1964年3月~6月，担任队长的秦蕴珊在渤海湾海域进行了长达3个月的工程钻探，为"海一井"和"海二井"的顺利钻探提供了宝贵的前期工程资料，1966年，"海一井"和"海二井"的工程地质钻探工作顺利完成。

20世纪60年代以前，我国还没有调查资料编绘分布图，国外仅有的几幅此类分布图也比较粗略。秦蕴珊根据我国调查船进行的海上调查与室内分析的资料，并参考国外资料编绘了我国第一幅大陆架沉积类型图。20世纪70年代末，他再次编绘了比例尺略大的东海沉积类型分布图，清晰地展现了我国海域海底沉积物的分布规律，被国内外同行广泛引用。

进入21世纪后，秦蕴珊积极倡导开展深海大洋的地质勘探工作，特别是开展了深海极端环境与生命过程的研究。

面向国际　前瞻布局

　　秦蕴珊常说："科学是没有国界的，许多研究都是通过国际合作完成的。"他对中国的海洋科学发展水平与国际水平的差距深有感触，他认识到，只有加强国际合作与交流，才能使中国的海洋科学达到国际水平。

　　1979年，美国海洋科学家团队访问中国，中美海洋科学交流与合作正式起步。1980年，在"中美长江口及邻近陆架沉积动力学"研究课题中，秦蕴珊担任专家指导组成员。1983年，在与美国的三个单位合作进行的"黄海沉积动力学"研究中，秦蕴珊担任首席科学家。在之后的国际学术交流与合作中，与会者总能见到满头白发的秦蕴珊。

　　一生秉持一片丹心勘碧海的秦蕴珊院士于2015年永远地离开了我们。他一生与烟波浩渺的大海、颠簸的小船、呛人的海腥味和头顶炽热的太阳相伴，他秉承"科技报国、创新为民"的理念弄潮踏浪，探究真理，克服困难，满载而归。他常常诵念舒婷的诗句："那就从我的血肉之躯上去取得你的富饶，你的荣光，你的自由；祖国啊，我亲爱的祖国！"他把毕生心血献给了祖国的海洋科学事业，是广大科技工作者学习的楷模。

科学家名片

　　秦蕴珊（1933—2015），男，祖籍山东莱州。海洋地质学家，中国海洋沉积学研究的开拓者之一，中国科学院院士。

　　主要成就：

　　对中国陆架沉积的组成、物质来源及其空间分布进行了系统调查，编绘了第一幅较完整的中国海陆架沉积类型分布图；

　　建立了中国大陆架的沉积模式，研究了冲绳海槽的火山沉积和浊流沉积，提出了两类不同沉积类型的地理分布；

　　提出中国陆架自末次盛冰期以来环境演变的四个阶段。

把握先机　创新第一

——海洋生物基因工程的开拓者徐洵

1934年10月11日，徐洵出生于福建。她与海洋结缘，用广博的知识和深厚的学术造诣，孜孜不倦地工作在海洋科研第一线，开拓了我国海洋生物基因工程这一崭新领域，为推动中国该领域技术的发展作出了卓越的贡献。

改革"硬件"　为科研工作保驾护航

徐洵追求创新、锐意改革，积极创办实验室，使科研"硬件"底气十足。1978年，徐洵被调入中国科技大学生物系，因为刚刚成立，因此实验室缺少经费，缺少实验设备，缺少研究人员，徐洵就从零起步，摸索前进，经过几年的努力，实验室初具规模。

后来徐洵的研究方向从生物学分子进化方面转向海洋生物，她将自己坚定的意志和探索精神带到了新的研究领域。海洋生物基因工程实验室（原国家海洋局海洋生物遗传资源重点实验室）是中国第一个海洋基因工程实验室，该实验室就是由徐洵领导创建的。经过她的不懈努力，该实验室已发展为仪器先进、设备齐全、堪称一流的重点实验室，为科研人员提供了良好的环境支撑和物质保障。在徐洵的带领下，实验室的工作人员完成了多项国家、省部局级重大攻关项目，使中国海洋生物基因工程技术得到突飞猛进的发展。在2002年由科技部组织的以海洋领域的院士为主的专家组考核评审中，该重点实验室评定等级为优，整体水平达到国内领先水平，部分达到国际先进水平。

学风严谨　创多项技术"世界第一"

徐洵院士是中国海洋生物基因工程的开拓者和奠基人之一，她所领导参与的多个项目均获得业界的高度评价及肯定，并使我国在相关领域跻身国际先进行列。

徐洵为基因工程技术应用于海水养殖作了开拓性工作，所取得的成果被业内认为"进入了国际先进水平"。她也是将基因工程技术应用于海洋环境病原生物污染监测的第一人，她还应联合国教科文组织效应专家组提出的"优先研究和发展重金属污染引起的生物效应检测技术"全球环境战略的要求，在中国率先建立了酶标免疫法检测重金属污染引起的海洋生物效应。除此之外，徐洵在世界上率先破译了对虾白斑杆状病毒（WSBV）遗传密码。1993年以来，对虾病害已在我国造成上百亿元的经济损失，却久无良策。在徐洵的指导下，她的团队在世界范围内首次得到完整的杆状病毒全基因组DNA，随之成功地建立了对虾杆状病毒基因检测技术。更重要的是，徐洵与团队通过艰苦努力，测定了含30万个碱基对的对虾病毒基因组全部序列，在世界上率先破译了对虾白斑杆状毒遗传基因密码，奠定了我国在该领域的国际学术领先地位。

心系祖国　甘为人梯提后学

徐洵曾于1985年5月~1986年10月、1989年2月~1990年10月两度作为访问学者在美国加州大学圣迭戈分校分子遗传学中心工作，当时，美国得州大学分子生物研究所的圣来尼奥所长力邀徐洵主持他的实验室，并许以高薪、全家定居、终身职位等优厚待遇，这比她在国内的工作条件和待遇高了很多，但她依然不为所动。她深知自己的根在

为学生授课的徐洵院士

中国，自己应为祖国的现代化建设尽心尽力，访问结束后，她毅然选择回国，显露出知识分子热爱祖国的赤诚之心。

徐洵院士不仅在科研上硕果累累，成绩显著，在人才培养方面也是桃李芬芳满天下。徐洵曾说，一堂两小时的课程，教师需要花费几倍或更多的精力去备课。备课时，要自己去看新知识，然后思考怎样的教学方式能让学生得到启发，继而留下深刻的印象并产生兴趣。

在海洋科研工作中，她鼓励和引导中青年科研人员讲理想、讲奉献，勇挑重担，同时创造条件和机会，让他们充分发挥才能。她还不拘一格地选拔人才，积极推荐那些有理想、有抱负、基础扎实的学生出国深造，并教育他们学成后要为祖国的科研事业作贡献。

一份汗水一分收获，科研上没有一劳永逸的事情，作为一名科学工作者，徐洵一直专心于科研，从未放松对自己的要求。正是凭借这份顽强不息的奋斗精神，她才能在海洋生物基因工程领域乘风破浪，一步步迈向成功的巅峰。

科学家名片

徐洵（1934— ），女，福建建瓯人。中国海洋生物基因工程的主要奠基人和学术带头人，中国工程院院士。

主要成就：

创建了我国第一个海洋基因工程实验室，该实验室整体水平国内领先，部分达到国际先进水平；

率先将基因工程技术应用于海洋环境病原生物污染检测；

首次将基因技术应用于海洋环境科学领域，在国内外率先破解了对虾白斑病病毒基因组密码，为病毒防治奠定了基础，也奠定了中国在该领域的国际学术领先地位。

应国家需求而生　在创新中成长

——海洋地质学家金庆焕

金庆焕院士当年曾是新中国第一批留苏学生，经过艰苦的学习，他带着技术回到祖国，一直从事海洋地质和油气地质研究工作，为北部湾盆地的油气勘探指明了方向。他也是我国最早研究可燃冰的科学家之一，为我国海底油气资源的发现作出了重要贡献，备受人们的尊敬和爱戴。

响应号召　转行地质

1934年10月，金庆焕出生于浙江省临海县的一户贫苦农民家庭，在极其艰苦的条件之下，他读完了小学和初中。1952年7月，他毕业于临海回浦中学高中部；同年8月，他以优异的成绩考取了浙江大学土木系，进入大学校园后，他更加发愤图强，很快便在同学中崭露头角。

1953年，金庆焕通过竞争激烈的选拔考试，成为我国第一批留学苏联的青年。此时正值国内矿产能源短缺，国家决定挑选部分考取留苏资格的学生学习地质专业，金庆焕就是其中

工作中的金庆焕

金庆焕院士在作题为"南沙海域汽油资源与权益"的学术报告

之一。金庆焕当时填报的第一、第二志愿都是数学专业，在开往莫斯科的列车上，他才得知自己被分配到了地质系。他凝视着车窗外辽阔的大草原陷入沉思，最终，在国家需要和个人兴趣的矛盾中，他毅然选择了前者。

通过系统的学习以及4次长达11个月的野外地质实习，金庆焕逐渐掌握了大地测量、地质填图、石油地质研究等技能。1959年，受导师器重的金庆焕在短暂回国后，再次出国深造。在继续深造的过程中，金庆焕不仅完成了专业理论学习，还3次前往中亚进行野外地质调查，并开展了各种石油地质测试分析。他用了3年半时间完成了原本应该6到8年完成的学习任务。

学成回国　大展宏图

1963年5月8日，金庆焕获得了苏联地质学副博士学位，回国后开始了海洋地质和油气地质的研究工作。

1970年，国家地质部决定，将原南京海洋地质科研所迁往湛江，改为地质部第二海洋地质调查大队，开展北部湾盆地的油气勘探。金庆焕作为地层油气组组长，直接参与并主持了"北部湾地质构造特征及油气远景评价"工作。经过反复分析和综合研究围区地质资料和海区实测的地球物理资料，他编写了《北部湾地质构造特征及油气远景评价报告》，为其后的北部湾石油开采指明了方向。

地质部第二海洋地质调查大队在完成了在北部湾的工作后，又在南海北部29万平方千米的大陆边缘开展油气战略调查。1976年，金庆焕参与了《南海北部海洋地质初查报告》的编写。在综合分析地质、地球物理资料的基础上，研究团队确认珠江口盆地面积大，沉积厚度大，而且沉降深、沉速快、生油条件好，是一个很有远景的含油气沉积盆地。1981年，由金庆焕主持完成的《珠江口盆地地质构造特征与油气远景初步评价》科研报告，根据邻区地质资料和始新世古气候特点，预测了珠江口盆地始新世湖相沉积的生油潜力，这一预测已被1984年之后的钻探工作所证实。除此之外，金庆焕还参与主持了"太平洋中部多金属结核及其形成环境"等多项重要项目的研究工作。

自主研究　创新先行

2017年5月，由广州海洋地质调查局承担的我国海域天然气水合物（可燃冰）首次试采成功，引起全国轰动。实际上，金庆焕恰恰是我国第一批系统翻译和收集国外有关天然气水合物调查和科研成果的科学家，金庆焕带领项目组成员调查所得的多项成果，为我国海域开展水合物调查做好了资料和技术准备。2002年，"我国海域天然气水合物资源调查与评价"国家专项任务正式启动。从理论研究到实践，经过近20年的不懈努力，我国取得了天然气水合物勘查开发理论、技术、工程、装备的自主创新，实现了历史性突破。

金庆焕曾说，基础科学领域的创新是一个长期的、艰苦的过程，需要沉得住气，才能有所成就。脚踏实地、严于律己、淡泊名利、勤奋刻苦是对金庆焕院士的生动写照，也正是这种优秀品质成就了金庆焕，推动了祖国的海洋地质和油气地质事业的发展。

科学家名片

金庆焕（1934—　），男，浙江临海人。海洋地质、油气地质专家，中国工程院院士。

主要成就：

在海洋油气地质方面，先后主持或参与"北部湾地质构造和油气远景评价""珠江口盆地地质构造特征和油气远景初步评价"等一系列国家级地质勘查项目；

在海洋地质方面，对南海地质及太平洋中部多金属结核研究作出重大贡献，为中国及时向联合国申请矿区提供了充分的科研依据，取得了明显的社会效益。

探秘万里海底　开拓强国之路

——中国海底科学的领航者金翔龙

海洋深邃而神秘，为了认识海洋，经略海洋，一代又一代的科学家不断进行探索与开拓，我国海底科学奠基人之一、中国工程院院士金翔龙就是其中一位。

一片丹心　弃"沙"从"海"

1934年11月29日，金翔龙出生在江苏省南京市一个知识分子家庭，他成长于动荡不安的年代，民族的苦难在他心中深深埋下爱国主义思想的种子。中华人民共和国成立后，百废待兴，祖国急需地质人才，一心想要为祖国作贡献的金翔龙毅然报考了北京地质学院，选择了当时较为冷门的地质专业。

大学期间，他参加了多项西部地质勘查工作，足迹遍及西部的山脉和沙漠。1956年大学毕业之际，恰逢中央提出"向科学进军"的口号，金翔龙和很多同学一样，对辽阔的西部充满向往，希望投入到西部的地质工作中去。就在此时，金翔龙了解到我国辽阔的海域还有待开发，便将自己的想法告诉了老师，老师听后鼓励他"这条路子对"，他便毅然放弃了沙漠，选择了海洋。毕业后，他被分配到中国科学院海洋生物研究室（今中国科学院海洋研究所）工作，从此开启了他毕生从事的海洋地质研究工作。

白手起家　实现突破

20世纪50年代，中国海洋科学研究的主要方向还是生物学领域，海洋地质科学领域几乎是一片空白。1957年，在曾呈奎和童第周的帮助下，金翔龙组建了海洋地质实验室。1958

海上油气开采

年，我国首次进行大规模海洋综合调查，金翔龙的海洋地质实验室的队伍先后开赴渤海、黄海、东海、南海，对综合调查的顺利进行起到了重要作用。

20世纪50年代，我国的石油资源及开发技术主要依赖苏联援助，但随着中苏关系的恶化，刚刚起步的中国工业遭受了重创，几近瘫痪。金翔龙调动一切力量，寻求勘探设备，组建起我国第一个海洋地震队，寻找石油，为国分忧。1959年，金翔龙带领勘探队开赴渤海海域，海上作业条件恶劣，能够使用的工具和材料也很有限，为了保证海上每两分钟一次的快速爆炸，来不及用铁钳等工具，金翔龙就用牙齿咬，不断地剥离起爆线。就这样，金翔龙带领我国第一个海洋地震队成功地完成了中国海上第一条地震剖面（龙口—秦皇岛）的勘测，实现了中国海上勘测"零的突破"。

如鱼得水　披荆斩棘

经历了动荡的岁月后，"科学的春天"终于来临，金翔龙在科学研究工作中更是如鱼得水。金翔龙曾说："我的大半生都是泡在海洋里的，做海底石油勘探，研究大陆架，探查海底地质构造，维护中国海洋权益。"

出席会议的金翔龙院士

20世纪90年代，金翔龙主持的"八五"国家重点科技攻关项目"大陆架及邻近海域勘查和资源远景评价研究"取得多项重要结论，对维护我国海洋权益具有重大意义。

1990年，金翔龙代表我国出席联合国海底管理局和海洋法法庭筹委会会议，接受联合国技术专家组对我国东太平洋多金属结核矿区申请的技术审查。面对联合国十几位专家，他以流利的英语阐述了我国太平洋勘探区的面积与位置、采用的调查手段与船只、勘探程序与精度矿区选定与划分的原则等问题，报告内容翔实，赢得了在场专家的掌声与肯定。在金翔龙的领导下，国家海洋局海底科学重点实验室捷报频传，硕果累累，他们一个又一个研究成果使我国一举成为世界上第一个在国际海底区域拥有"三种资源、三块矿区"的国家。

形势严峻　另辟蹊径

进入21世纪，面对国家能源供应日趋紧张的严峻形势，金翔龙积极推动我国海底天然气水合物资源的勘探研究工作。2017年5月18日，在我国南海神狐海域作业的钻探平台"蓝鲸一号"传来了令人振奋的消息——我国海域天然气水合物试采取得了圆满成功，中国从此成为全球领先掌握海域天然气水合物试采技术的国家。

从没有海洋地质学科到创建发展海洋地质–物理学，从近海油气初探到海洋油气勘探全面展开，金翔龙院士从未停下研究的脚步，这位八旬老人已然达到了"人海合一"的境界。看到海底科学领域人才辈出，金翔龙也颇感欣慰："我年逾八十，已是夕阳西下的时候，没有太多的时间和精力，只想尽量多做点工作，为年轻人铺铺路，海洋广阔而精彩的舞台真正属于你们。"

科学家名片

金翔龙（1934—　），男，江苏南京人。海洋地质与地球物理学家，中国海底科学的奠基人之一，中国工程院院士。

主要成就：

最早建议并实施海底石油勘探工作，全面推动了中国海底油气勘探工作的开展；

在国家海洋局系统地将海洋地质、海洋地球物理和海洋地球化学等集成为一体，创建了海底科学。

步履水岸际　心驰海天间

——海岸海洋地貌与沉积学家王颖

当驻足海岸旁，望见水天一色之时，大多数人会感叹海洋的神奇。但世界上却有这样一群人，面对着辽阔的海洋，思考着脚下的土地。王颖就是其中之一。被海水亲吻过的土地，它的每一粒沙从何处来，到何处去，这是王颖一生都在探究的问题。

1935年，祖籍辽宁的王颖出生于河南。这位来自北方内陆的姑娘，1956年从南京大学地理系地貌学专业毕业；1957~1961年，她完成了在北京大学地质地理系的海岸地貌与沉积学专业的学习。[①] 从攻读学位到当选院士，数十年光阴飞逝，无论是作为辗转南北一心求知的学子，还是奔波海外醉心学术的中国科学院院士，王颖与海岸海洋地貌与沉积学都有着不解之缘。她的行事与研究风格，也带着海洋的广阔与土地的坚实。

外向：海外视野

媒体描述王颖时，总是喜欢用"外向型"这个词语。因为自从走出学校，迈向科学研究的天地，王颖就与经常海外学术界进行交流，这或许是因为王颖自身的研究思路就非常开阔。1964年，她在国内首次提出中国淤泥质潮滩的分带性，并在1980年发表了中国潮滩与英国瓦士湾和加拿大芬地湾潮滩对比的论文。这时，王颖结合国内外实践经验，开始从动力、地貌与沉积特征等方面对海岸海洋发育问题进行综合研究。

1979~1982年，王颖任加拿大戴尔豪西大学地质系海洋地质学研究员，兼任贝德福德海洋研究所访问学者。之后的数十年，王颖的研究成果不断受到国际学术界的肯定，并多次获得海外赞誉与科研支持。国际海洋学界权威论著 *The Sea* 的主编、哈佛大学的Allan·R·Robison教授，专门邀请王颖负责 *The Sea* 的部分撰写工作；海洋学界最高学术

---

① 实为完成了4年副博士研究生学习，因为当时国家取消了学位授予制。

演讲中的王颖院士

组织——国际海洋研究委员会（SCOR）推选王颖为"相对海平面与世界淤泥质海岸"研究组（SCOR WG 106）主席。王颖的海外视野，在与国际学界的交流中不断开拓，而这份开拓，也是她博大胸襟带来的成果。

实干：海中考察

王颖丰硕的研究成果，不仅仅体现在文本和交流上。她坚持海洋实地考察，足迹遍及世界。在对我国海洋进行研究的60年里，南海、东海、黄海、渤海是陪伴她的老朋友。她与海洋的相处，是如同饮食起居一般的平常。

走出国门，她欣赏过太平洋珊瑚海和日本海的静谧，呼吸过北海和波罗的海的湿润气息，聆听过加勒比海、地中海、亚得里亚海的激情海浪，见识过拉布拉多海上的极地风韵……1979~1982年在加拿大从事海洋地质研究时，她还曾三次考察神秘莫测的百慕大魔鬼三角区，并作为中国首位下潜海底的科学家，乘深潜器下潜至216米的深海。在那里，圣劳伦斯湾海洋中的絮凝现象，为她献上海底的飞雪；洋底沉睡的古海滨，为她讲述古老的传奇。一甲子的岁月，不长不短，却也足够她领略自然给人带来的奇迹。

高产：海量著作

自1958年从事海洋地貌与沉积学研究以来，王颖共完成研究专题报告45项，出版专著25部，其中17部为第一作者或主编，在国内外学术刊物发表论文227篇，其中以在国外发表的英文论文居多。一直以来，她的论文都保持着较高的质量，比如，她的《中国主要河流对大陆架沉积作用》一文，曾被第12届国际沉积学会主席Harold Reading教授评为"河流对中国海岸带影响方面的最佳总结"。

　　其实描述王颖院士，"巾帼不让须眉"一词似不适宜，在妇女在各行业中均有工作能力的今天，不需要通过性别来增加光环。她是真正的科学家，是中国海岸动力地貌学最有贡献的学者之一。她开阔的研究视野，实干的研究态度，是沉积在时光里的沙，辅以对事业的热忱，它们最终点石成金，出河入海，成为海天之间最美丽的风景。

科学家名片

　　王颖（1935—　），女，祖籍辽宁康平县。海岸海洋地貌与沉积学专家，中国科学院院士。

　　主要成就：

　　总结了潮滩动力环境的沉积与生态模式，推动了中国潮滩研究的发展；

　　进行海岸与海港选建研究，完成我国多项深水港选建与海岸海洋发展规划工作，扩展研究了高纬地区鼓丘海岸发生发展过程；

　　研究了大西洋海底埋葬核废物之不稳定性；

　　应用石英砂表面结构鉴别沉积物源等，为海洋地貌沉积学的发展作出突出贡献。

挖掘对虾宝藏　造福千家万户
——海水养殖专家赵法箴

作为海鲜中的"主力军"，对虾是餐桌上、超市里一众老饕的心头好。然而很少有人知道，中华人民共和国成立之初，对虾产量并不高，虾农们主要是"靠天吃饭"。让对虾从自然捕捞进入人工养殖进而走进千家万户的，是在对虾人工育苗方面作出了突出贡献的赵法箴。

赵法箴1935年出生于山东莱州，1958年毕业于山东大学水产系，后被分配至黄海水产研究所。从技术员、助理研究员、研究员，到海水养殖研究室主任、名誉所长、中国工程院院士，赵法箴的人生轨迹"一步一个脚印"，平稳、朴素、踏实。赵法箴的研究生涯并不十分波澜壮阔，但是他迈出的每一步都实实在在，是以一丝不苟的态度进行着坚实的耕耘。

天降缘分：与对虾养殖的"命中注定"

赵法箴让对虾养殖从"天注定"变成了"靠打拼"，在进入山东大学学习之前，赵法箴曾在烟台水产学校读中专，那时他没有想过自己会成为一名科研人员，"我们中专毕业的时候，大学已经招生完毕，本来我们就是等着分配工作"。因为没有落实就业单位，赵法箴和他的同学们"当时急得直找校长"，如果不是适逢山东大学水产系扩招，赵法箴很可能已经成了一名水产加工工人。

从山大水产系毕业时，赵法箴又面临了一次"命运的安排"。水产系的同学们大多选择去青海或新疆工作，"因为当时西北地区没有学这个专业的"。赵法箴本也有跟随主流的想法，那时他甚至已经打包好了行李，结果，一纸分配到黄海水产研究所的通知，将他与对虾养殖联系在一起，再难分离。

进行实地考察的赵法箴院士

在工厂中进行考察的赵法箴

步步精心：与对虾养殖"斗智斗勇"

初入黄海水产研究所，赵法箴就将研究目标锁定在营养价值高、口味好、世界上最有经济价值的对虾种类之一的中国对虾。然而在当时，中国对虾是否能够人工养殖仍是一个未知数。为了确定对虾养殖的可能性，赵法箴和同事们在河北省水产部实验场里进行人工培育虾苗实验。一年的时间，他们证明了对虾虾苗可以人工培育，并初步总结出虾苗产卵、孵化、发育所需要的条件。

此后，他们又连续攻克了虾苗养殖、越冬等难题，但人工育苗成活率太低，大面积养殖无法展开。1967年，已是对虾养殖组组长的赵法箴来到日照养殖基地，他和同事们用海里的浮游生物喂养虾苗，并发现和虾苗对抗的蟹子幼体是影响虾苗存活的关键因素。研究组成员加大捕捞网的网眼密度，清除蟹子幼体，虾苗成活率果然大幅度提升。解决了人工养殖的最大难题，他们又开始奔走各地推广对虾养殖。因为这份辛勤，他们成了当时山东省"抓革命、促生产"的典型。

"文革"中，无论是因专心科研被当成正面典型，还是差点被学生打成"反革命"，赵法箴从未离开过对虾养殖池。"文革"结束后，他希望推广虾苗大规模养殖，于是在1979年底召开的全国对虾养殖工作会议上，他下定决心并许诺两年内解决育苗攻关问题。次年，他联合中国海洋大学、中科院海洋所、山东海洋渔业所等单位，提前一年推动对虾工厂化育苗技术并获得成功。从此，大规模生产的虾苗终于逐渐走入"寻常百姓家"。

真抓实干：从知识到效益

赵法箴和他的科研团队未曾离开过生产一线，在他看来，科研人员，尤其是以应用型研究为方向的科研人员，一定要与生产相联系。

赵法箴说："搞科研不和生产联系，怎么能知道技术在生产中遇到哪些问题？有些科研人员，为了成果而成果，成果出来后就放在那里，也不去推广转化，这有问题。"赵法箴和他的团队边进行实验边生产，生产中的问题马上通过实验来解决，所以成果推广非常迅速。从1978~1991年，全国养殖对虾年产量从450吨猛增至22万多吨。仅1982~1992年，全国养殖对虾直接产值累计超过400亿元。从事对虾养殖和实验生态研究的数十年里，赵法箴的足迹几乎遍及我国沿海大大小小的渔村，走到哪里，他就把技术和知识带到哪里，指导当地渔民如何有效地进行水产养殖。

而今，赵法箴在从事研究的同时，还想"抓紧在有生之年，为培养年轻一代科研人才多作贡献"，可以说自始至终，赵法箴的心境未曾改变。为了水产事业，他把知识变成效益，如今，他为效益传播知识。或许，他的骨子里就是一个"养殖工人"，为了给祖国开发一座生产宝藏，他愿意付出一生努力。

科学家名片

赵法箴（1935— ），男，山东莱州人。海水养殖专家，中国工程院院士。

主要成就：

首次解决了亲虾培育技术，使苗种亲虾的来源得到了保证；

填补了我国海水养殖动物选择育种研究的空白；

促进对虾养殖优良品种产业化及中国对虾养殖的"二次创业"，使我国成为对虾人工育苗和养殖产量最高的国家。

成绩斐然探索忙 愿为沧海播一粟

——海水鱼类养殖专家雷霁霖

中国的水产学界曾有这样一位"少年人"：对世界的好奇，指引了他的人生轨迹；对学科的热忱，促成了他的科研成就；对青年后辈的温柔，让人们触摸到他柔软的内心。他就是海水鱼类养殖专家、"多宝鱼之父"——雷霁霖。

好奇：探索这未知的世界

1935年，雷霁霖出生在闽西山城宁化，高中时他偶然看到有关青岛的纪录片，彩色光影里的红瓦、绿树、海滨，让这个畲族的小伙子对山外的世界好奇不已。1954年，他如愿考入山东大学水产系，在曾经梦中的青岛，雷霁霖跟随童第周、方宗熙、李嘉泳等大师学习动物胚胎学。

实验课上，雷霁霖喜欢在显微镜下观察肉眼难以捕捉的生命现象，尤其痴迷于解剖镜下鱼类胚胎发育的过程。微观世界变幻无穷的图像，对青年雷霁霖有无穷的吸引力，在没有相机的年代，雷霁霖就用手绘图来记录所看到的图像。后来电脑技术普及，他还是常用手绘图来描绘鱼类胚胎。在课堂上，雷霁霖还学会了用橡皮泥捏制生物的器官模型，直到他成为赫赫有名的院士，当年制作的鱼类胚胎发育模型还伴随他左右。

热情：对这奇妙的事业

我国北方沿海冬春季低水温期长，因此很少有养殖鱼类能度过冬季。为培养适合北方工厂化养殖的鱼种，在经过11年的寻觅后，雷霁霖终于在1992年从英国引入大菱鲆（即多宝鱼）鱼苗200条。然而，当时大菱鲆的培育是一个世界级难题，英国对此实行严格保密制

大菱鲆

度，因此获得技术的代价十分高昂，雷霁霖经过权衡，决心自主研发。可是相关研究文章缺乏，鱼苗又开始意外死亡，这使得雷霁霖心急如焚、寝食难安，常常在显微镜前一坐就是一整天。在观察了近一年的时间后，雷霁霖终于发现鱼鳔开口充气的量是鱼苗存活的关键要素。技术难点被突破了，鱼苗产量开始上升，1995年，雷霁霖终于培育出12万尾鱼苗，但一场调节水温的工人睡着的意外，让12万尾鱼苗又被活活煮死。面对这样的情况，雷霁霖并没有气馁，又经过4年的技术攻关，多宝鱼的平均成活率终于达到17%，年出苗量超过百万尾，达到国际先进水平。

正当多宝鱼的养殖走上正轨之时，雷霁霖的身体状况却越来越差。住院后，他心里依然牵挂着科研工作，每次同事、朋友去探望，雷霁霖谈论最多的话题还是鱼类研究。面对种种荣誉和累累硕果，他始终没有懈怠，正是决心推动海水养殖发展的信念支撑着他一路前行。

这种信念，是不掺杂私欲的对事业的纯粹热爱。在多宝鱼突破鉴定会上，很多人都劝雷霁霖尽快申请专利，可雷霁霖却自愿放弃，并将研究成果立即公开。因为他考虑到，"北方鱼类养殖较其他养殖产业发展而言已经落后多年，当前的首要任务应该是尽快将其转化为生产力"，帮助企业扩大生产。

温柔：对那未来的希望

年少时的雷霁霖，从天南来到海北求学，这个过程伴随着不为人知的艰苦，大学四年中，他只在毕业时回过一次老家，平时只是每月给家里写一封信。日复一日的教室、图书馆、宿舍"三点一线"的生活，看似单调，却是雷霁霖时常怀念的幸福时光："宿舍不得不去，那是休息的地方，但图书馆是我们自习的地方，尤其是冬天，既暖和光线也好。"同学们在固定位置上见面后彼此点点头微笑的场景，刻在雷霁霖的心中，不时浮现在他的眼前。

演讲中的雷霁霖院士

　　许是青春时朝气蓬勃的记忆太过美好，雷霁霖喜欢年轻人，对青年学生总是倍加关怀。雷霁霖的同事介绍，他总是平易近人，毫无院士的架子。有一次学院组织研究生论坛，抱着试试看的想法邀请了雷霁霖院士，没想到雷院士听说是研究生论坛，竟辞掉了另一个活动前来参加。雷霁霖认为，虽然讲座是针对初入研究之门的硕士，但是作为水产研究的后备力量，他希望这些新人能尽早具备工业化养殖的思维，将来能够推动整个产业的发展。

　　2015年12月16日晚上8时许，雷霁霖院士逝世，享年80岁。80载春秋，他始终秉持着积极探索、无私奉献的精神，将毕生心血都献给了祖国的海洋渔业科学事业。

科学家名片

　　雷霁霖（1935—2015），男，福建宁化人，畲族。海水鱼类养殖学家，工厂化育苗与养殖产业化的主要奠基人和学科带头人，被誉为"多宝鱼之父"，中国工程院院士。

主要成就：

探索了多种海水鱼类育苗工艺；

首创海水鱼类工厂化育苗系列技术，完成工厂化育苗体系构建；

首先从英国引进冷温型良种大菱鲆，突破育苗关键技术并达到国际先进水平；

创建了符合国情的"温室大棚+深井海水"工厂化养殖模式。

"吾往矣"与"爱真理"

——物理海洋学家胡敦欣

海洋的辽阔无际总是让人着迷，可人们都知道即使看似平静无波，复杂的环流还是遍布海洋。我国著名海洋物理学家胡敦欣，一位受到传统教育，却拥有国际视野的科学家，就致力于解密这一复杂的系统。

所谓成功：功到自然成

1936年，胡敦欣出生于山东即墨的一个农民家庭。1961年胡敦欣考入中国科学院海洋研究所读研究生，师从毛汉礼院士。毛先生对待学生是出了名的严格，特别强调基本功的训练，要求他们做事要严谨认真，一丝不苟，在这种压力之下，胡敦欣很快进入了角色，5年的研究生学习不仅培养了他非常强的自学能力，还练就了他坚定的意志。

工作中的胡敦欣

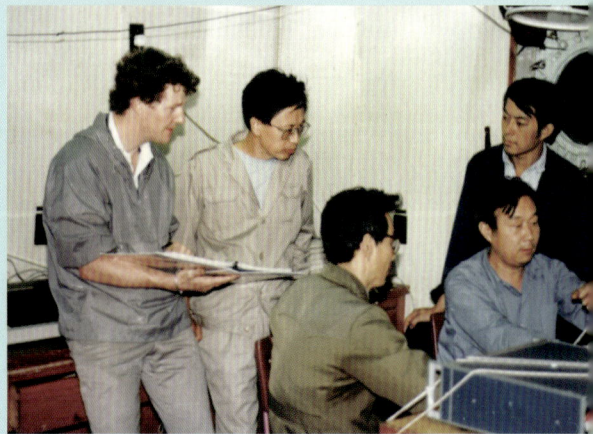
与同事探讨问题的胡敦欣

1957年第一次教学实习出海，他们乘坐的小船在风浪中摇晃不已，他和同学们的晕船反应很强烈，因此很多人放弃了海洋专业，可胡敦欣没有。但上天似乎给他开了个玩笑，此后近半个世纪的海上科考，胡敦欣几乎每次都会晕船、呕吐，但他都咬牙坚持，"每次出海只要前面三五天坚持下来，后面三四十天就会获得'自由'了"。轻描淡写的叙述中，努力与坚持，只如人饮水，冷暖自知。

所谓"坚持"：热爱成习惯

胡敦欣喜欢海洋，但是直到1956年考入山东大学海洋系，他才第一次见到大海。真正对海洋产生兴趣，是因为当时的海洋系主任赫崇本教授的海洋学导论课程为胡敦欣介绍了大海的深沉与神秘。对未知充满好奇心的胡敦欣想，既来之则安之，便下定决心要好好地去认识大海，探索海洋的奥秘，不管外界如何风云变幻，他依然每天晚上在自修室里学到半夜才回宿舍。

几十年如一日的坚持，让他在东海发现了中国大陆架第一个中尺度涡"东海冷涡"。如今医生不允许80多岁的胡敦欣亲自出海，这使得他非常焦急，念念不忘地要上研究所的新船"科学"号上"看看"。一辈子专心做一件事，他觉得越做越有趣，也越来越发现有更多的未知奥秘需要去深入探索。从热爱到习惯，他已经离不开科研。

在科考船上的胡敦欣

所谓"权威"：为真理敢发声

20世纪80年代，国际海洋科学的舞台上仍是欧美"领跑"，胡敦欣不甘落后，一心渴望提升中国在海洋环流领域的研究实力。1985年，"中美赤道西太平洋海气相互作用"联合调查研究正式启动，这是中国第一次参加大型国际海洋合作调查研究。4年后，胡敦欣和他的助手发现了"棉兰老潜流"，这一发现改变了国际上有关西太平洋环流动力结构的传统认识。然而，西方发达国家因战略调整，不再开展对西太平洋的科考，可胡敦欣知道，研究好西太平洋复杂的洋流变化，对预测气候变化的意义深远。为了争取重启这一研究，2004年，胡敦欣开始了他的"周游列国"之旅，游说多国继续开展西太环流联合研究。历经6年的交流和研讨，2010年由胡敦欣带头发起的"西北太平洋海洋环流与气候试验（NPOCE）"终于获批为8个国家参加的国际合作计划。胡敦欣进一步提升了我国在西太平洋海洋环流与气候研究方面的学术地位，实现了我国西太平洋海洋环流与气候研究由"跟跑"到"领跑"的转变。

通过自己的努力，胡敦欣建立了他在海洋科学领域的权威地位，但他其实希望年轻人打破自己的"权威"，在科研道路上创造新的成果。年迈的胡敦欣在工作的同时也关心着科学理想的传承，经常到美国等西方国家访问的他，常常在思考如何培养创新型人才。1982年回国之后，他针对年轻人对书本和老师的绝对接受问题，经常故意给他们教授一个不太对的结论，当学生赞成他的错误"结论"时，他就提醒学生再仔细思考；每当有学生发现他的"错误"时，他就会很高兴地表扬并致谢。如此几番，学生们也习惯了独立思考问题。

胡敦欣最喜欢的话有两句，一句是孟子的"虽千万人，吾往矣"，一句是亚里士多德的"吾爱吾师，吾尤爱真理"。胡敦欣50余年与环流"周旋得胜"的秘密，或许就藏在这两句话里。

科学家名片

胡敦欣（1936— ），男，山东即墨人。物理海洋学家，我国大洋环流研究的奠基人，海洋通量研究的开拓者，中国科学院院士。

主要成就：

在太平洋发现并命名"棉兰老潜流"等三支潜流，改变了有关西太平洋环流动力结构的传统认识；

在中国陆架率先发现中尺度涡"东海冷涡"，开创了中国陆架中尺度涡研究；

把经典的无限深海沿岸上升流理论推广至有限深海非定常理论；

在国际上率先开展陆架海洋通量（碳循环）研究，得出"东海是大气二氧化碳汇区"的重要结论。

情系深海半生缘　醉心学术国梦牵

——海洋地质学家汪品先

我们常说"情深似海"，却很少有人去探索海洋到底深几许。对他来说，海洋是等待开发的宝藏，是定期要会面的老友，是时常浮现在脑海的奇境，是一生难以割舍的情缘。

他就是82岁高龄却依旧奋斗在科研一线的著名海洋地质学家、中国科学院院士——汪品先。

撒一腔热血　谋同舟共济

1960年，汪品先毕业于莫斯科大学地质系，如同当时许多留学海外的爱国青年一样，他一毕业就迫不及待地回归到了祖国的怀抱，期待把自己满腔的热血都奉献给祖国的科学研究事业。此后汪品先先后在华东师范大学和同济大学任教，并在1975年发起组建了同济大学海洋地质系，就这样，汪品先与神秘海洋的牵绊也由此开始。

20世纪70年代，对海洋的研究悄然兴起，而彼时的中国还没有完全从创伤中恢复过来，人们对海洋的印象，更多的是神秘和敬畏。汪品先在极其有限的科研条件下，与同事们在1980年完成出版了《中国海洋微体古生物》文集，后来又发行了英文版，引起了世界学术界的关注。但汪品先认识到，中国的海洋

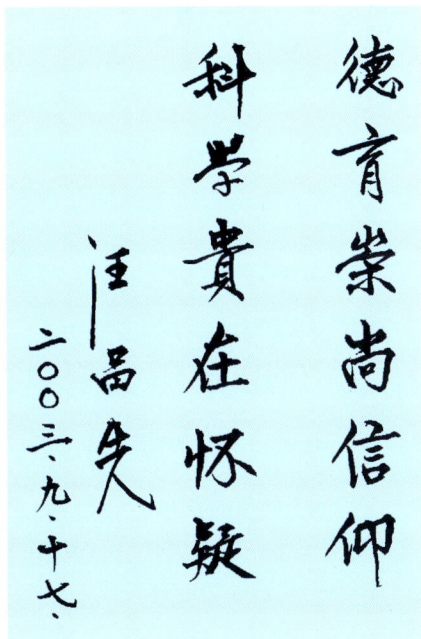

德育崇尚信仰

科学贵在怀疑

汪品先

二〇〇三·九·十七、

汪品先院士题词

我国自主研制的4500米载人深潜器"深海勇士"号

学术研究需要更活跃的思想，需要更切实地了解与世界的差距从而迎头赶上。

　　1991年当选为中国科学院学部委员（院士）后，汪品先更看重中国在世界学术界的声音，便一心扑向了广袤国土的最南边——南海。

多年深海守望　终不负深情

　　"国际大洋钻探"是世界海洋研究的前沿项目，不仅需要足够的资金支持，同时还需要科学家们持之以恒的探索精神。1996年，汪品先联合国内其他科学家，向国际大洋钻探学术委员会提交了《东亚季风在南海的记录及其全球气候意义》建议书，并在1997年度国际大洋钻探学术委员会的全球建议书评审中获得第一名，被正式列为国际大洋钻探ODP184航次，汪品先也由此成为该航次两位首席科学家中的一位。

　　海的深处究竟有什么？这神秘的深海吸引着汪品先去进一步探索。终于，在1999年的春天，他在南海组织了中国海区首次国际大洋深海科学钻探（南海ODP184航次），完成了自己60多年来的首次深海探索，取得了西太平洋区最佳的晚新生代环境演变纪录，这是第一个由中国人设计和主持的大洋钻探航次。甲板上吹来的海风好像还带着深海的气息，这让汪品先精神振奋，他感觉自己开启了深海这一神秘的宝藏，心想这路一定要走下去。

愿时间慷慨　供勇士追梦

　　自从2009年汪品先率领团队建立起了中国第一个海底综合观测深网系统——东海海底观测小衢山试验站后，他便将自己的时间全都交给了深海探索。 老当益壮的他争分夺秒，对万事慷慨却唯独对自己的时间"锱铢必较"。

　　时间不断流逝，探索也不能停止。2011年起，汪品先成为国家"南海深部计划"指导专家组的组长，带领全国30多个单位700多名研究人员，设立了60个研究项目，是我国海洋领域第一个大型基础研究计划。这是汪品先心中的"大事情"，尽管已经是75岁的高龄，他依然精神抖擞地奋斗在科研一线上。2018年，82岁的他成为我国自主研制的4500米载人深潜器"深海勇士"号上最年长的"乘客"。

82岁高龄乘坐深潜器下潜的汪品先院士

　　比天空更深邃的南海上，耄耋老人身着深蓝色的工作服，3次下潜到1400余米的深海，进行连续8个小时的下潜观测采样。"感觉自己像爱丽丝漫游仙境一样"，首次下潜的汪品先开心得如同一个小孩子，很难想象他已经82岁了。对他来说，深海科学研究是自己一生为之奋斗的事业，是报效祖国、助力实现中国梦的方式，更是年少时心中种下的梦，是他与海洋签下的为期一生的"契约"。愿时间对这位"深海勇士"慷慨些，宽容些，让他有更多的时间去探索深海宝藏。

　　汪品先在最新的深海下潜中，发现了深水珊瑚林，这让他十分兴奋。我们期待他能在今后的岁月中揭开深海的神秘面纱，也希望更多的学者加入深海探索中，去发现更多的宝藏和秘密。

科学家名片

　　汪品先（1936—　），男，江苏苏州人。海洋地质学家，中国深海研究的先行者，国际大洋钻探首位中国首席科学家，中国科学院学部委员（院士）。

　　主要成就：

　　系统分析了中国近海沉积中钙质微体化石的分布及其控制因素，发现南海在冰期旋回中对环境信号的放大效应和西太平洋边缘海对中国陆地环境演变的重大影响，对中国海洋地质学的发展作出了创造性的贡献；

　　在中国率先开展了微体化石定量古生态学和微体化石埋藏学的研究，促进古海洋学和古湖泊学等新研究方向在中国的开展，开拓和发展了古海洋学研究；

　　成功主持了中国海区首次国际大洋深海科学钻探（南海ODP184航次），取得了西太平洋区最佳的晚新生代环境演变纪录。

浅海深究终不悔　甘为臂膀助前行

——中国风暴潮研究的开拓者冯士筰

不是风暴，却可影响世间；不是将军，却抵千军之力。扶着前人的肩膀可以更快地前行，如果没有前人有力的肩膀，那么"他们"就甘愿为后人筑成可靠的肩膀。冯士筰，就是"他们"中的一个。

阴差阳错　得遇真知

1937年，冯士筰出生于天津的一个书香门第，受到家庭的影响，他从小就喜欢读书。有一年学校组织春游，冯士筰在颐和园看到了周恩来总理。当他问起同学们上大学都想学习什么专业时，冯士筰的回答是国防物理。1956年，这位踌躇满志的小伙子考上了梦寐以求的清华大学工程物理系，1958年进入工程力学数学系流体力学专业进行学习。但是1962年毕业后，他却被分配到山东海洋学院，并在以后的岁月中从事了物理海洋学的研究。

年少求学的冯士筰

虽然物理海洋学并不是自己的对口领域，但强者从来不惧怕挑战，金子也总会突破砂砾闪闪发光。凭着自己扎实的学术基础，优秀的科研能力和敢于"啃硬骨头"的劲儿，冯士筰在新的领域中大展拳脚。青岛的气候是宜人的，晚上的海风越过打开的窗户，跟桌前的台灯一起，陪伴冯士筰度过了无数个充满思索的夜。功夫不负有心人，在1964年，冯士筰找出了当时著名的理论——大洋风生环流模型未考虑热盐因素的不足，成功建立了大洋风生—热盐环流模型，完成了自己的第一个关于物理海洋学的研究。

风暴乍起　浅海护卫

国内外第一部关于风暴潮的理论专著——《风暴潮导论》

世界时刻处于变化之中，日新月异的发展对当时的中国来说处处是挑战。自然灾害分析和预防研究在如今的中国已经比较普遍，但在20世纪70年代，包括风暴潮在内的自然灾害还时常威胁着人们的生命和财产安全。风暴潮是发生在海洋沿岸的一种严重的自然灾害，我国是高发国家之一，但彼时我们对于风暴潮知之甚少，更不用说进行有效的预防了。直到1970年，周恩来总理关注到风暴潮灾害，我国关于风暴潮的研究才开始迈入正轨，而冯士筰正是最早投入到风暴潮研究的科学家之一。

这是真正的"白手起家"，没有任何的一手资料，他与其他同事决心进行实地考察，建立属于自己的一手资料库。于是在1970年，他们对渤海周围数省的40多个县市进行了实地探访，用双脚丈量海岸，用汗水获取数据，终于得到了国内第一批关于风暴潮灾害的珍贵资料。此后，他根据资料探讨风暴潮的发生机制，希望建立起有效的预测系统。1975年，冯士筰与他人合作发表的论文系统地论述了风暴潮的概念、理论和数值预报的力学模型，建立了独特的超浅海风暴潮理论。

作为一名高校教师，冯士筰希望更多的人能够了解风暴潮，并参与到风暴潮的研究中。于是，他撰写了国内外第一部关于风暴潮的理论专著——《风暴潮导论》，高校学生拥有了学习风暴潮理论的教材，同时也吸引了大批学子参与到风暴潮的研究当中，为科学研究提供了源源不断的新生力量。此时，冯士筰已经跨入我国一流物理海洋学家的行列，担当起"浅海护卫"的重任。

探求真理　永不止步

科学研究是永无止境的，科学家总是要在有限的时间里去追求更高的真理。1983年，冯士筰作为高级访问学者，越过重洋来到美国旧金山。访问结束后，他深知理论的成功仅仅是个开始，更重要的是把理论应用到实践中，这才是一个科学家应该完成的使命。在对理论框架进行了不断地完善后，他的理论终于成功应用于现实的模拟和预测，为近海污染物理自净、悬浮质输运、海洋环境预测和近海生态系统动力

授课中的冯士筰院士

学等诸多方面，提供了海洋环境流体力学基础。其中，研究成果中的弱非线性理论荣获第四届国家自然科学三等奖和1988年国家教委科技进步一等奖。

即使是在1997年当选为中国科学院院士后，花甲之年的冯士筰仍在追寻真理的路上不断前行，他为自己确定了海洋环保的新方向。

在浅海动力学领域，冯士筰教授是先行者，也是集大成者，他将自己的一生都献给了物理海洋学的研究，是当之无愧的科学家，是引领我们前行的榜样。

科学家名片

冯士筰（1937—　），男，天津人。物理海洋学和环境海洋学家，中国风暴潮研究的开拓者之一，中国环境海洋学学位点的主要创建人，中国科学院院士。

主要成就：

创建了超浅海风暴潮模型，并将风暴潮动力学和预报模型及方法系统化；

出版了世界上第一部系统论述风暴潮机制和预报的专著——《风暴潮导论》；

创建了近海拉格朗日时均环流及其长期输运理论体系，促进了浅海动力学、环境海洋学和海洋生态动力学的进步。

图★事★业　立海洋荣光
——物理海洋学家袁业立

"**用**别人的模式，永远无法超越别人"。——袁业立

))) 知之有涯　学无止境

　　1938年，袁业立出生在抗日战争爆发的动荡岁月中，因为成长历程历经坎坷，因此他深深体会到国家危亡、民族苦难给老百姓带来的屈辱、艰难和辛酸，从此他便暗下决心，刻苦学习，立志用知识振兴祖国。

　　尽管袁业立在海洋科研工作上取得了辉煌的成就，他却并非海洋学科班出身。1962年1月，由于右眼视力的限制，他选择进入复旦大学数学力学系力学专业学习。数学系的培养虽然没有给他带来海洋的相关知识，但他严谨扎实的学术基础却由此形成，并成了以后研究的一大助力。

出海考察的袁业立

　　本科毕业后，袁业立毫不犹豫地选择了继续深造，进入中国科学院海洋研究所物理海洋专业学习。他的海洋研究从钻研各种理论公式开始，当别人因为枯燥而放弃的时候，他却总能兴味盎然地面对眼前的公式，对其中的原理进行更严谨地推导，这与他早前的数理基础是分不开的。1966年7月，他进入中国科学院海洋研究所物理海洋室工作，正式的工作身份让他在欣喜之余，也发

现了自己在研究中的不足，甚至对中国当时的研究现状产生了更多的担忧。原来，那时中国海洋领域的研究模式几乎都是采用国外的成果，自身的创新成果极少。他深知"用别人的模式，永远无法超越别人"，于是在1980年5月，毅然前往美国北卡罗来纳州立大学，攻读海洋大气和地球科学系物理海洋专业博士学位。

项目牵头　去路悠长

　　1999年，时任国家海洋局第一海洋研究所所长的袁业立，迎来了自己的第一个重大项目——"中国近海环流形成变异机理、数值预测方法及对环境影响的研究"。这是国家海洋"973计划"批准的第一个研究项目，集中了海洋类大学、海洋所、南海所，海洋局一所、

二所和三所等国内海洋科研界的最强力量，其重要性自然不言而喻。袁业立顶着巨大的压力，却也怀揣着坚定的信心，带领大家投入到紧张的研究工作中。

演讲中的袁业立院士

　　这是一个物理海洋领域的基础性研究，但难度却非常大，需要进行大量的信息采集和数据整理。他们对中国近海主要环流均进行了非常系统的研究，面对海量的信息进行了最大程度的去粗存精。在研究过程中，袁业立团队发现了国外传统分析模式的不足，打破常规，创造性地运用上层海洋混合机理，创立了一套将环流与波浪结合起来进行数值模拟的模式，将研究高度从"像什么"提升到"是什么"。课题所取得的多个原创性创新成果，直接带动了包括我国海域经济专属区调查、西太平洋海洋环境调查等在内的其他研究的进步，也让国际物理海洋界刮目相看。

工作中的袁业立院士

　　然而，袁业立并没有因为取得了骄人的成绩而停下脚步，课题结题后，他重新充满热情

地投入到了其他的研究项目中。2005年，袁业立从国家海洋局一所所长的位置上退下来后，建立了风浪流海洋动力学模式，并不断地对其进行完善。

春风化雨　桃李满园

　　作为一名导师，为国家培养更多的海洋领域的人才，一直是袁业立的目标。为了使学生们严谨系统地学习物理海洋学知识，袁业立主讲了包括"地球流体力学""数学物理方程""海洋遥感机制研究""海洋遥感与资料同化""风、浪、流耦合机制研究"等在内的多门课程，培养了众多物理海洋学界的精英人才，为国家的海洋研究输送了大批科研力量。

　　年事已高的袁业立，依然心系祖国的发展，他提出高校科研机构的研究大方向要调整，要让更多的研究人员从基础领域转向应用领域，对科研成果进行有效转化，为国家的繁荣富强提供科学力量。他还希望自己所在的城市青岛能够吸引更多的优秀人才，"青岛完全可以借助打造蓝色硅谷的机会，创造出一个更有利的环境，吸引全世界的海洋科研人员前来"。青岛的"蓝色硅谷"聚集了海洋研究界的目光，这些殷切的目光中必定有袁业立院士的一束。

科学家名片

袁业立（1938—　），男，山东荣成人。物理海洋学家和海洋工程环境专家，中国工程院院士。

主要成就：

在海洋动力系统、海浪生成发展机制、非线性和破碎海浪统计和海浪高频谱形式，以及黄海冷水团环流的生成发展机制、黑潮多核结构及其形成机制以及黑潮两翼运动不稳定性等方面做出了多项开创性的工作；

主持研发了自主海洋数值模式、海洋内波数值模式、海洋环流数值模式和海洋生态动力学数值模式；

提出海洋遥感动力解译，建立SAR海洋影像的表示和SAR海洋探测技术。

巧手海中取药物 慧眼识路济世忙

——海洋生物及海洋生物工程制品专家管华诗

1959年9月，山东海洋学院迎来了新一届本科生，这其中有个来自山东夏津县的小伙子，他在此时并不为人所知，但日后，他的名字却在整个海洋研究领域中被熟知，他就是管华诗。

一生挚爱 愿赋华彩

从1959年考入山东海洋学院到如今，管华诗在海洋研究领域已经度过了60个年头。与钟情于理论研究的科学家不同，管华诗更看重成果的转化利用。他为"在海洋医药领域，长期以来，都是发现多，发明少；文章多，产品少"的现状而痛心，决定把毕生心血都放在海洋医药的研发和投产上。20世纪60年代，他参与完成了"海带提碘新工艺规模生产"工程；70年代主持完成了"海带提碘联产品-褐藻胶、甘露醇再利用"重大研究课题，研制成功"农业乳化剂"等4个新产品并相继投产；80年代首创我国第一个海洋药物——PSS（西药）；90年代又发明研制了甘糖酯、海力特和降糖宁散等3个海洋新药和藻维胶囊等5个系列的功能食品。所有的研究成果都在最大程度上实现投产，一定程度上满足了人们对于海洋医药的期待和要求。

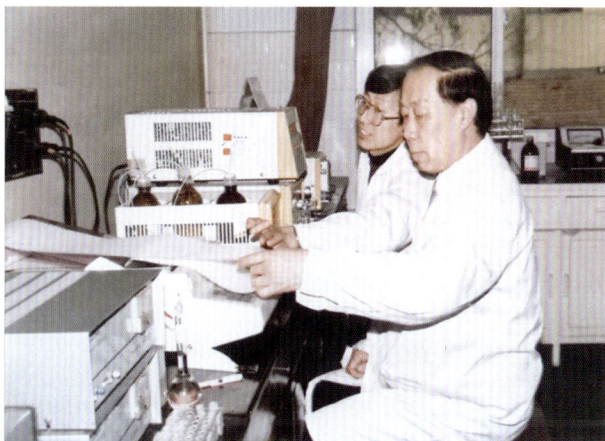

在实验室中工作的管华诗

十几个发明专利，带给管华诗的不仅仅是沉甸甸的荣誉，更是对于一份份期待的不负众望，是为自己热爱的海洋研究所付出的心血。

链接产业　点石成金

进行了大半辈子的海洋药学研究，管华诗深感现有研究体制之下，要完成成果的产业化并非易事。如何才能更好地将科研成果转化为产业呢？经过深思熟虑和各方联络，2013年7月，以国家海洋药物工程技术研究中心为基础的青岛海洋生物医药研究院股份有限公司注册成立，2016年4月，中国海洋大学、青岛市科技局和崂山区共建成立了研究院事业法人实体，管华诗院士既是院长，也是董事长。

质疑是有的，担忧也是有的，但经过半生思索决定要走的这条研发与转化的新道路，势在必行。顶着偌大的压力，研究所试图打通科学→技术→工程→产业科技链条瓶颈的尝试与探索，融合事业、企业两类实体，仅仅运行两年之后，就获得了2000多万元的营业收入。营业收入为研究院的进一步发展提供了经济支撑，也为更多的"观望者"提供了科研与企业融合的成功案例。

出海考察的管华诗院士

🌀 蓝色药库　蓝色信念

　　2018年6月12日，在出席了上海合作组织青岛峰会以后，习近平总书记来到了青岛海洋科学与技术试点国家实验室了解科研情况。管华诗作为科研人员代表，向总书记做了关于海洋药物研发情况的介绍。进行了一辈子海洋研究工作，终于有机会把自己的成果介绍给同样关注海洋的领导人，管华诗的内心是激动的。他对每一个研发产品都进行了细致的介绍，自豪之情溢于言表，在介绍过程中他深情地说，自己的梦想就是打造中国的"蓝色药库"，这与总书记的"蓝色信念"不谋而合，这一想法得到了总书记的肯定，当场表示："这是我们共同的梦想！"

　　"蓝色药库"在"蓝色信念"的指导下，一定会有更大的突破，也将成为"蓝色信念"的有益实践。带着众多人的期望，管华诗总是勤勤恳恳，在自己的学术研究中辛勤耕耘，同时他也培养了一批又一批的人才，继续对大海进行探索。深蓝色大海的秘密和财富，终究会在蓝色梦想里闪光。

科学家名片

　　管华诗（1939—　），男，山东夏津县人。水产品加工、海洋生物及海洋生物工程制品专家，中国工程院院士。

　　主要成就：

　　主持完成了"海带提碘联产品－褐藻胶、甘露醇再利用"重大研究课题；

　　首创我国第一个海洋药物——PSS（西药）；

　　发明研制了甘糖酯、海力特和降糖宁散等3个海洋新药和藻维胶囊等5个系列的功能食品。

年少有为 勇立潮头

期待好运来临的人总说，好运气能够带来成功。但其实，与其等待好运的来临，不如时刻努力认真对待自己的事业，创造自己的"好运"。方国洪院士用自己的一生告诉我们：聪明的人不断努力下去，在哪里都会碰到好的机遇。

年少有成 投身海洋

1956年，高中毕业后的方国洪考入南开大学物理系，开始了自己的大学生活。令谁也没有想到的是，仅仅在南开大学读了两年半的书，方国洪就遇到了人生重大的机遇和挑战：1958年中国科学院河北分院在天津成立海洋研究所，并参加国家科委组织的全国海洋综合

青年时期的方国洪

调查。为了让优秀的人才尽早投入到祖国的海洋研究工作中去，当时学校应该所要求抽调了一部分优秀学生中断学业"提前工作"，于是成绩优秀的方国洪于1959年2月被分配到中国科学院河北分院并参加了全国海洋综合调查工作，承担潮流观测资料的分析工作。"进入海洋物理领域，是一个偶然"，谈起当年的经历，方国洪这样说。

当时我国潮流分析中采用的是经典的杜德森方法，方国洪参加工作后立即在该分析方法上做出一系列改进，并且于1960年提出了准调和分潮方法。由于该方法明显优于杜德森方法，随即被确定为全国海洋调查的规范方法。一个还未毕业的大学生在并不很熟悉的潮汐领域取得了这样的成就，可以说是"年少有成"了。

无论是工作还是学习，无论是擅长领域还是陌生环境，方国洪都游刃有余，他期望用更多的成果来证明努力的价值。

创新没有止境

方国洪在海洋研究领域获得了多个第一：他是国内最早提出潮流分析和预报新方法并将数值方法应用于海洋研究的人，也是最早在国际上提出潮波变分数值模式的人。这些成果让他获得了全国科学大会奖、国家自然科学奖、国家科技进步奖、中国科学院自然科学和科技进步奖及国家海洋局科技创新奖等多项科技奖励，并于2007年当选为中国工程院院士。这些重量级的荣誉背后，是方国洪院士敢于和善于打破传统观点、不惧挑战权威的结果。

在只有20岁的时候，他通过推导得出了准调和分潮方法，取代了我国潮流分析传统采用的杜德森方法。尽管杜德森是英国皇家学会会员，是世界潮汐学的"一代宗师"，但方国洪没有被"权威"所限制，在继承的基础上发展了杜德森方法。在完成了准调和分潮方法之后，他又将目标对准了潮流

工作中的方国洪院士

永久预报的方法研究。当时人们熟悉的是苏联著名物理海洋学家杜瓦宁的方法，但方国洪相信，一定还存在更为有效的预报方法。于是他在30岁时找到了近海潮流永久预报的新方法，使全海区、多层次的潮流区域预报成为可能，并与同事们一起，历经5年努力，完成了20余卷、5000余页的《中国近海潮流永久预报图表集》。在潮汐潮流数值建模工作中，方国洪把观测数据和动力学方程结合起来求解，研发了国际上第一个潮波同化模式。打破陈规和勇于创新始终贯穿于方国洪的工作中，从年少有为到硕果累累，他从未被眼前的成就所限制。

动力源于"敬业和兴趣"

跟海洋研究工作打了一辈子交道的老人，没觉得当了院士是了不得的事，但方国洪对此却也是欢喜的，因为这样一来工作的机会更多了，他能够跟自己感兴趣的研究工作再相处更多的时间。方国洪坦言，自己之所以几十年如一日的保持工作热情，"没有秘诀，只是敬业和兴趣"。在他的眼中，做科学研究必须敬业，同时科研也是件引人入胜的事，有了想法就想弄个清楚，而在解决了自身的疑问之后获得的是巨大的满足，哪里还在意中间过程的艰辛呢。

正是对于海洋事业的痴迷，方国洪院士不仅取得了丰硕的成果，而且多是具有突破性、创造性的成果。除了自身获得的成果以外，他更欣慰的是为国家培养了一批物理海洋学的人才，其中不乏物理海洋学领域的中坚力量。他的学生都知道，老师对待科研工作非常严谨认真，哪怕有一点疏漏、错误，甚至文章中的标点出现问题，他都能一眼发现，"真是眼里容不得沙子"。 方国洪院士潜心物理海洋研究几十载，他敢于质疑权威、勇于创新突破的底气皆来自他对科研事业的热爱和严谨。

科学家名片

方国洪（1939— ），男，浙江瑞安人。物理海洋学家，潮汐专家，中国海洋潮汐学的主要开拓者，中国工程院院士。
主要成就：
提出准调和分潮方法和新的潮流永久预报方法；
最早提出潮波变分数值模式；
研发了世界上第一个潮波同化模式；
提出台湾-对马-津轻流系、南海环流的流圈结构和南海贯穿流。

寒区难挡"热"心
海冰牵动生态
——海洋生态环境专家丁德文

我觉得作为一个生态工作者来讲，想要在理论上、在学科上有所创新，就一定要创建中国的海洋人工生态系统生态学"。中国工程院院士、海洋生态环境专家丁德文在采访中坚定地说道。

这位年近80的老人心中始终牵挂着海洋生态环境，牵挂着他一生的科研事业。

寒区冻土有点"热"

出生于辽宁辽阳的丁德文，1960年1月进入大连理工大学应用物理专业学习，1965年从大连理工大学毕业后，他进入中国科学院寒区旱区环境科学与工程研究所工作。1965~1991年，丁德文一直从事寒区科学研究与技术开发工作，1988年作为访问学者在苏联苏维埃秋明油田设计研究院进修，这段经历让他更多地接触到了国际上先进的科研成果。经过20多年的潜心钻研，

出席会议的丁德文院士

丁德文创立了冻土热学学科，创造性地解决了高原冻土路基稳定性、超深人工冻结凿井的热土工艺、冻土区地下管线保温–防腐优化结构及高原冻土区第一条长距离热水回流式供水技术，攻克了世界公认的大难题，为之后青藏铁路的建设提供了技术上的保障。

已然是中国寒区工程热学奠基人、权威专家的丁德文，在学界的声誉极高，但他却拒绝在自己的舒适区中享受相对安逸的生活，毅然选择向另外一个方向——海洋生态环境领域进发。

海冰

工作中的丁德文院士

探究海冰的秘密

1992年丁德文进入国家海洋环境监测中心工作，也是从这时候开始，他从寒区工程热学领域的研究中抽身，转而开始关注一种重要的海洋灾害——海冰。

海冰是一种破坏力非常强的海洋灾害，一旦发生，会影响交通运输、渔业等重要的生产领域，还会影响海洋石油钻井平台，破坏深藏海中的导管架。为了更好地预防海冰灾害，早日取得有效的灾害解决方案，以丁德文为首的科学家们在经过认真论证之后提出了有建设性和指导性的意见，为海冰灾害的防治提供了有效方案。不仅如此，丁德文还于1995年编写出版了我国第一部工程海冰学专著——《工程海冰学概论》，为工程海冰学的学科架构提供了理论基础，开辟了中国工程海冰学新的研究方向。

在解密海冰的过程中，丁德文更关注海洋生态环境系统的构建，他在科研工作中率先开展了"海洋生态环境的复杂性与非线性问题"的研究工作。"十一五"期间他组织发起了"海岸带系统科学与工程"研究团队，主要从事"海岸带系统科学与工程"学科的构建工作，与此同时，对"人海关系调控技术系统"的构建进行研究；"十二五"期间发起并组织进行"人类生态系统生态学"的学科构建工作。在新的领域中他同样游刃有余，硕果累累。

心系海洋生态环境

在海洋生态与环境科学工程领域，丁德文的研究重点主要集中在新时期的海洋生态科学领域，这一领域也涉及诸多研究方向：海洋污染机制与控制、灾害机理与防治、生态系统退化与生态修复、生物多样性与生态保护、全球变化负效应与应对政策、海洋生态经济与海洋生态管理……广泛的研究方向让丁德文在海洋生态建设与环境保护工程技术实践和综合管理系统工程等人海关系调控方面有着独到的见解，也正是因为拥有深厚的学术功底和开阔的研究视野，丁德文深感海洋生态保护的必要性，一直致力于专业人才的培养。

丁德文在中国海洋大学、大连海事大学、上海交通大学、大连理工大学、宁波大学陆续培养了十多位优秀的博士研究生和硕士研究生，而其中的一些人已经担负起科学研究的使命，开始独立承担科研课题，正在为国家的海洋研究事业贡献自己的力量。

从寒区冻土到海冰研究，再到海洋生态科学，无论在什么领域，丁德文院士都用执着认真践行着科学家的创新精神。未来光明，巨人始终与我们同行。

科学家名片

丁德文（1941— ），男，辽宁辽阳人。海洋生态环境专家，寒区资源科技专家，中国寒区工程热学的奠基人，中国工程院院士。

主要成就：

创立了冻土热学学科，创造性地解决了高原冻土路基稳定性、超深人工冻结凿井的热土工艺、冻土区地下管线保温－防腐优化结构及高原冻土区第一条长距离热水回流式供水技术；

开创了中国工程海冰学研究方向，出版了中国第一部工程海冰学专著——《工程海冰学概论》；

率先开展海洋生态环境的复杂性与非线性问题研究工作，从事"海岸带系统科学与工程"学科构建工作，并研究"人海关系调控技术系统"的构建。

浪花飞溅何牵挂　腐蚀防护保平安

——海洋腐蚀与防护学家侯保荣

腐蚀过程是金属氧化的过程，一旦发生便不可逆转，腐蚀造成的损失也是巨大的。没有谁比中国工程院院士侯保荣更了解也更牵挂海洋腐蚀防护了，当人们在海边欣赏浪花的时候，他心里却深藏着对海洋腐蚀的担忧。

被海水腐蚀的桥墩

不惧孤行　勇于拓荒

作为海洋腐蚀领域的院士，侯保荣可以说是站在行业的顶端协同众多业界精英砥砺前行。然而，这位海洋防腐蚀勇士的拓荒之路远比我们想象的要艰难。

1968年7月，侯保荣从复旦大学化学系毕业，进入中国科学院海洋研究所工作。当时，全国的腐蚀保护研究工作刚刚起步，且不说行业的高精尖人才，整个中科院海洋所也只有3人从事该领域的研究。不仅如此，那时的科研条件也极为有限，但他们硬是在这样艰苦的环境中坚持进行研究，最终获得了宝贵的科研成果。

侯保荣在上海陈山码头进行了防腐实验后，合作承接了陈山码头的阴极保护任务，又随即开展了海洋钢构筑物腐蚀"重点区"的研究。没有完整宽敞的实验室，他们就在海边临时搭建了一个水池子；为了模拟海洋腐蚀的不同情况，他们就在海水里放置了许多金属样板，以观测这些样板自上而下，在海洋大气区、浪花飞溅区、海水潮差区、海水全浸区和海底泥土区等不同区域的受腐蚀程度。

　　功夫不负有心人，在艰苦的工作和生活条件下，侯保荣和同事们坚持科研攻关，成功研制了铝牺牲阳极，该项成果获得了中科院科技进步二等奖。此外，大量的实验也让侯保荣对以往的知识进行了校正和补充：相对于"众所周知"的"潮差区腐蚀最严重"的结论，浪花飞溅区才是钢结构遭遇海洋腐蚀最严重的区域。

浪花几何　腐蚀难测

　　相对于美国从1949年就开始的全球腐蚀调查，中国的腐蚀调查工作明显落后。2014年，侯保荣作为首席科学家，在全国启动了"中国腐蚀状况及控制战略研究"项目，研究领域涉及公路桥梁、港口码头、水利工程、海洋平台、化工等30多个行业，这也是中国首次加入全球腐蚀成本调研项目。2016年项目成果发布，成为全球范围内免费共享的知识财富。侯保荣在海洋钢结构浪花飞溅区腐蚀机理和控制技术研究的基础上，开发了具有自主知识产权的浪花飞溅区复层矿脂包覆防腐技术，突破了海洋钢结构浪花飞溅

侯保荣院士现场指导工人们施工

侯保荣院士与现场施工人员进行交流

区腐蚀防护的技术瓶颈。他还研发了海洋钢筋混凝土结构四层配套防护体系，开发了钢筋混凝土耐久性和涂层性能评价技术，系统开展了海洋钢筋混凝土结构的腐蚀状态检测工作。这些科研成果都很快被运用到了海洋腐蚀与防护工作中，减少了大量损失，也避免了很多风险。

一心一意　万世之业

"勤于思考 深入探索 执着追求 协同合作"，这是侯保荣在手稿中写下的人生箴言。他的一生，都在执着追求海洋腐蚀与防护技术的创新与突破，并期望着有更多的人才参与到这项事业当中。

为了更好地介绍海洋腐蚀理论，侯保荣作为第一作者编写了《海洋腐蚀环境理论及其应用》《海洋腐蚀与防护》等9本专著，主编了《海洋工程结构浪花飞溅区腐蚀与控制研究》等9本论文集，独立编写的日文专著《海洋腐食環境と防食の科学》，被日本专家认为"奠定了海洋腐蚀环境研究的理论基础，提供了不可多得的一本教科书和指导手册"。除此之外，他还写出了近200万字的研究论文，近5年已在国内外核心期刊上发表论文240余篇，其中SCI、EI论文75篇，授权专利29项，发布实施国家标准4项，获得省部级以上奖项7项，国际奖项1项。这些理论成果伴随着海浪的翻涌，继续向前，激励着更多的人逐浪前行。

"这辈子就是专心干海洋腐蚀与防护这一件事"，侯保荣对待自己的事业可谓"一心一意"，"我们腐蚀防护工作者肩负着艰巨的使命，任重而道远"。

科学家名片

侯保荣（1942—　），男，山东曹县人。海洋腐蚀与防护专家，中国工程院院士。

主要成就：

提出"海洋腐蚀环境"的概念，建立了海洋腐蚀环境的理论体系；

开发了具有自主知识产权的浪花飞溅区复层矿脂包覆防腐技术，主持了"我国腐蚀状况及控制战略研究"等重大项目。

"膜"中乾坤大　不辞半生为

——膜分离技术和反渗透膜工程技术专家高从堦

我国的水资源总量居世界第6位，但人均数量却仅达到世界水平的四分之一，一直以来，我国的水资源短缺问题都异常严峻，不可忽视。如何提高水资源的利用率，如何获取更多的淡水资源以方便民众的生活，科学家们提出了众多的设想和方案，也进行了大量的实验。其中海水淡化是被广泛提及且已经付诸实践的一项技术，谈到这项技术的实现，有一个响亮的名字是不得不提的，他就是我国膜分离技术领域和反渗透膜工程技术领域的著名专家、中国工程院院士高从堦。

应用膜技术的海水淡化设施

热爱使然　得遇良师

出生于山东即墨的高从堦，从小就得以在广阔的海边生活玩耍。虽然在那个特殊的年代，他因为自己的家庭成分问题失去了去北京求学的机会，但高中时化学老师的引导，让他一直热爱并向往化学专业，最终他以第一名的成绩考入了山东海洋学院化学系，开始了他为之倾尽心力的海洋化工事业。

少年时的高从堦从化学老师那里接触到了神奇的化学，而进入高校后，他也幸运地遇

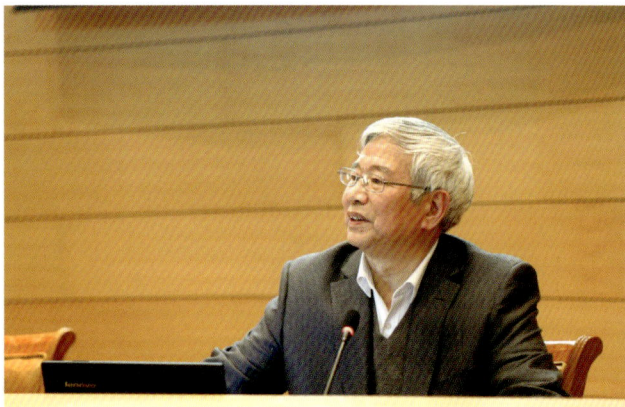

演讲中的高从堦院士

到了良师——闵学颐先生。"我对闵老师最深的印象就是他治学严谨，对什么事情都要求到苛刻的程度"，高从堦在访谈中提到闵老师时如是说道。正是老师的以身作则和严格要求，让高从堦领会到了在学术中坚守原则的重要性，并将这种严谨踏实的精神融入到自己的学习工作中。

1965年，高从堦从山东海洋学院毕业，进入国家海洋局第一海洋研究所工作，当时正在进行全国海水淡化大会战，他由此正式开始了自己的学术研究生涯。

隔"膜"海水淡化 研究硕果累累

在50多年的科研生涯中，高从堦一直奋斗在科研的第一线，在膜技术和反渗透领域取得了一个又一个突破性的进展。20世纪60年代末，他参加了全国海水淡化会战，同时参与了"不对称醋酸纤维素板式和管式反渗透膜"的研究和开发工作；20世纪70年代，他参加了"管束式反渗透膜"的研究开发工作，并负责中空纤维反渗透膜和组器的研制，该成果获得了浙江省科技进步三等奖和国家海洋局科技进步三等奖；20世纪80年代，作为"中盐度苦咸水淡化用反渗透膜及组器研究"专题负责人，他参加了"七五"国家科技攻关计划论证，该成果与相关三个专题一起获得国家科技进步一等奖；20世纪90年代，作为"反渗透复合膜研制"专题负责人，他参加了"八五"国家科技攻关计划论证，作为"复合膜的研制"专题负责人，他组织并参加了省级"八五"科技攻关计划论证。这一项项荣誉的背后，是无数个日日夜夜的伏案工作。

"1990年后，随着反渗透膜性能的提高，价格的下降，高压泵和能量回收效率的提高，反渗透法成为投资最省、成本最低的海水淡化技术"。谈起自己的研究成果，高从堦满是骄傲与自豪。一步一步脚踏实地地探索，最终获得了累累硕果。

研究产业齐头进　一份坚定一份忧

作为一名科研工作者，高从堦深知技术推广的重要性。中国的海水淡化研究已经处于世界领先地位，国内也有企业和单位开始利用新技术进行海水淡化，但技术推广度和民众的接受度还远远不够。"我想说的是，国内的民众应该提高科学素质和资源节约意识，面对一种新技术的应用和推进，要有促进和支持的愿望。作为海水淡化的研究机构和企业，要承担起自己的责任，应该全心全意地把海水淡化的技术、工艺、装备做得更好、更经济、更实惠，让中国人更欢迎"。这番话语中，饱含着高从堦院士对膜技术推广下海水淡化的信心，他期望更多的人能够给予新技术充分发展的时间，也期望获得更多的信任与支持。

高从堦院士虽然已经70多岁了，但依旧保持着旺盛的科研热情。春风化雨，润物无声。高从堦院士用自己半生的探索，践行着一位科学家对于学术的执着追求，也用实际行动给后来人讲述了一堂生动的人生课程。

科学家名片

高从堦（1942—　），男，山东即墨人。膜分离技术领域专家，反渗透工程技术领域的开拓者，中国工程院院士。

主要成就：

参加了全国海水淡化会战，参与了"不对称醋酸纤维素板式和管式反渗透膜"的研究和开发工作；

参加了"管束式反渗透膜"的研究开发工作，并负责中空纤维反渗透膜和组器的研制，该成果获得了浙江省科技进步三等奖和国家海洋局科技进步三等奖；

作为"反渗透复合膜研制"专题负责人，参加了"八五"国家科技攻关计划论证；

进行了纳滤膜和纳滤过程等项目的研究和开发工作，参与了高性能超滤组器技术中的部分工作。

青鱼在前领航 生态随行筑梦

——海洋渔业资源与生态学专家唐启升

大海给予我们的，远比我们想象的要丰富得多。"我与海洋打交道50多年，对大海的情怀早已深切地融入其间"。渔业将大海和唐启升联系在一起，这联系是牢固而长久的，大概没有什么可以让他们分开。

青青之鱼 灼灼华光

20世纪60年代末，出于对知识的好奇和渴望，唐启升一头扎进了对黄海鲱（青）鱼的研究之中，开始了为期13年的、系统的渔业生物学研究。每年早春他都会在山东威海和石岛之间进行为期40多天的鲱鱼生物学资料收集和调访工作，他主持了28个航次的黄海中央部、40米以下深水域鲱鱼分布的探捕调查，每一次探寻都是新的征程、新的相遇，他丝毫也不懈怠。毫不夸张地说，那个时期关于黄海鲱鱼研究的文献材料，一半以上都出自唐启升之手。

国际视野 知鱼知渔

正在研究硕果频出的时期，唐启升却有了"研究的路越走越窄，关于渔业资源的波动原因，有很多问题找不到答案的困惑"。恰在此时，他考取了改革开放后国家第一批公派出国进修人员的资格，1981年，他作为访问学者被

出海考察的唐启升院士

教育部派往挪威、美国深造，他发现自己的"困惑"也正是"世界的困惑"，欧美学者进行了数十年的种群动态、资源评估和渔业管理研究之后遇到的困惑，与他进行了十几年研究后所提出的问题如出一辙。

1982年，他转赴美国学习途中期望顺访欧洲渔业研究机构，由于留学资金有一定的局限性，他争取到了挪威海洋研究所副所长欧勒·J·欧斯特维德特的全力支持。这次顺访他用3天的差旅费用度过了10余天，虽然旅程

演讲中的唐启升院士

很辛苦，但却收获颇丰。唐启升先后访问了丹麦渔业研究所（今丹麦国家水生资源研究所）、德国联邦渔业研究中心、荷兰渔业研究所（今荷兰瓦格宁根海洋资源与生态系统研究所）等研究机构，由此受到启发，开始转向海洋生态系统研究领域。

在美国马里兰大学的进修经历，让唐启升找到了新的研究方向，他从梭子蟹种群数量与环境之间的关系入手，成功地将环境影响因素添加到亲体与补充量关系研究中，他所发表的论文立刻引起了国际同行的广泛关注，这是国际上首次将环境影响因素嵌入渔业种群动态理论模型中，值得一提的是，该理论模型至今也并未再有更大的实质性的突破。这是他在黄海鲱鱼的相关研究之后，在海洋渔业相关领域获得的又一重大成果。

大海筑梦　逐浪前行

访问学者的经历让唐启升在找到新的学术方向的同时，也使他意识到海洋生态系统研究将是渔业科学一个新的研究领域和重要的发展方向，并由此开启了"大海洋生态"梦想的倡导之路。他提出开展渔业生态系统调查，并将大海洋生态系研究引入中国，着眼整体，结合我国海洋生态，创造性地发展了大海洋生态系概念；他倡导建立黄渤海大海洋生态系研究模式，使我国成为较早介入大海洋生态系研究的国家之一，为我国渔业科学与海洋科学实现多学科交叉，以及生态系统水平的海洋管理基础研究进入世界先进行列，作出了突出贡献。

2001年，唐启升与赵法箴两位院士一起给时任国务院副总理的温家宝提交了关于主张"加强海洋渔业资源调查和渔业管理"的建议。建议中指出，要想解决我国渔业资源承受的巨大压

"南锋"号渔业科学调查船

力以及迎接新的国际海洋制度实施后我国沿海经济发展所面临的重大挑战，前提是要进行渔业调查。他们的主张得到了国家的重视，建议被批转给农业部、国家海洋局、发改委、外交部等部门，其最直接的成果之一是"南锋"号渔业科学调查船的面世，这条船在西沙群岛邻近海域的首航，为"科技兴海""渔权即海权"战略的实施作出了贡献。此后，唐启升院士又有了新的兴趣领域——碳汇渔业。

人的生命中有太多的诱惑，太多的选择，如何在岁月中做出无悔的选择，是每个人一生都在寻找答案的问题。唐启升凭借毫不动摇的科研追求，成为我们的优秀榜样。年过古稀仍然奋战在科研一线的他，还在继续突破，力求为渔业的绿色发展作出更大的贡献。

科学家名片

唐启升（1943— ），男，辽宁大连人。海洋渔业与生态学家，中国工程院院士。

主要成就：

长期从事海洋生物资源开发与可持续利用研究，开拓了中国大海洋生态系和海洋生态系统动力学研究，为生态系统水平的海洋管理基础研究进入世界先进行列作出了突出贡献；

在渔业科学领域有多项创新性研究，3项成果获国家科学技术进步二等奖、1项获三等奖，向国家提出院士专家建议9项。

上天入海硕果多　遥测远感一生为

——海洋遥感专家潘德炉

我们常常执着于去探寻天有多高，地有多大，海有多深。宇宙和海洋，在神秘色彩的笼罩中，吸引着一批又一批的科学家为之奋斗终生。潘德炉就是这样一位科学家，他依托海洋卫星，将流动的海与变幻的天，联系在了一起。

高处着眼 纵横宇宙

科技的进步影响着国家的发展，任何一个国家想要强大，都离不开科技的发展和应用。

1968年12月从南京理工大学兵器系兵器物理专业毕业后，潘德炉进入了国防科工委1423研究所担任技术员，从事卫星连接器研究工作。那么潘德炉是怎样开始接触海洋遥感技术这一领域的呢？原来，潘德炉晕船非常严重，有时为了出海工作不得不坐船，上岸后一个月看房间还是晃的。善于思考的潘德炉想，如此浩瀚的大海，为什么要一个点一个点去测量，有没有其他的渠道，可以一次测量一大片区域呢？于是他跑到图书馆查阅资料，发现美国已经有专门的卫星一下子就可以测一大片区域。于是潘德炉就这样与海洋遥感较上了劲。

20世纪80年代，潘德炉留学加拿大等国学习海洋遥感技术，学成归国后，他带回来最多的就是几十个磁盘的遥感资料。那时候资料还只能用磁盘来存储，而一个磁盘就重达两三

斤，年轻的潘德炉就这样将几十斤重的存满资料的磁盘用扁担挑了回来，以自己的肩膀扛起了中国海洋遥感技术的开端。他曾说："我应该是第一个带那么多海洋遥感资料的人。"

潘德炉用扁担挑回来的资料填补了中国海洋遥感领域的大片空白，也开启了他为之奋斗一生的事业。潘德炉曾动情地说："我把海洋卫星遥感事业当成自己的娃娃，抱着它走到了70岁。"

海洋遥感 卫星启动

"要让我们国家真正实现科技发展，只有靠自己独立自强，发展我们的高新技术"。潘德炉心中一直明白，单靠从国外科研机构得来的二手资料，根本无法满足我国海洋遥感的发展需求，只有我们自己掌握了卫星，才能利用得到的一手数据进行进一步的有突破性的研究。

从最初装在风云气象卫星上的遥感器，再到装在航天飞船上的遥感器，最后发展到专门的海洋卫星，潘德炉参与了多次海洋卫星遥感技术攻关。从2002年发射的"海洋1A"号到2007年发射"海洋1B"号，再到2011年发射的"海洋2A"号卫星，潘德炉都像自己的孩子一般熟悉。"将来发展的第四个系列卫星，就是三万两千公里的高轨道卫星，可以像灯笼一样挂在上面。只要天上挂个三颗，每过半小时就会覆盖全球获取一次资料，盯住全球的海洋"。

参加海洋大数据峰会的潘德炉院士

在潘德炉院士的带领下，一个个难关被攻克，一个个难题被解决，我国的海洋遥感技术从无到有，现在已进入世界先进行列。这种愿望和理想一定会实现的自信心，让这位70多岁的老人如同一个孩子般充满生气。

智慧海洋 数字造就

进入21世纪，数据成了不可忽视的资源。海洋的宽广和浩瀚，让人望而生畏，但有了数据的加持，就可以克服一些因为统计不全所形成的偏差，从而得到一个相对准确的结论。"智慧海洋是海洋智能化技术革命4.0，是经略海洋的神经系统；大数据是智慧海洋建设的灵魂，没有大数据就没有智慧海洋"。潘德炉是具有前瞻性的科学家，他深知建立起卫星系统之后，更重要的是利用好这些从遥远的太空跨越万里来到人们面前的数据，形成属于我们国家自己的海洋遥感大数据库。

潘德炉认为，海洋遥感技术最终的目的就是服务百姓，造福人民。在他的家乡浙江，海洋遥感技术已被应用于渔业，原来渔民都是凭经验，靠着听音观色来判断哪里有鱼群，而现在有了遥感技术，就可以迅速而准确地定位鱼群，这大大提高了捕捞的效率。除此之外，海洋遥感技术还帮助养殖场及时采取措施，避免因诸如赤潮等灾害带来的重大损失。

我国的海洋遥感技术，从一开始的"一穷二白"，到如今的享有国际盛誉，是以潘德炉为首的海洋遥感科学家们半个世纪的辛勤探索和他们燃烧自己的青春换来的成果。

科学家名片

潘德炉（1945— ），男，浙江金华人。海洋遥感专家，中国工程院院士。

主要成就：

创建了我国遥感卫星模拟仿真系统，填补了中国遥感卫星模拟仿真领域的空白，在国际卫星工程中发挥了重要作用；

突破性地发展了中国海洋水色遥感应用技术系统，为提升卫星空间信息获取和综合应用能力以及卫星遥感装备的发展作出了突出贡献。

博击风浪　星辰闪耀

——海洋资料浮标专家王军成

对于从事海洋研究的人来说，浮标不是陌生的事物，它们如星斗一般缀在海面上。古人相信，观星象可以得知天地间的奥秘，不知是机缘还是巧合，星斗一般的海上浮标也的确可以让人获知海洋的奥秘。

我国的海洋资料浮标网和海洋气象浮标网，都是运用浮标为海洋环境预报、海洋防灾减灾、海洋环境保护、海洋资源开发、海洋权益维护等领域提供支持，而我国在位运行的海洋浮标，有90%以上来自一个人所领导的团队，那个人，就是海洋资料浮标专家——王军成。

）搏击风浪：征途在海上

1979年，王军成从哈尔滨工业大学毕业，就再也没有离开过海洋和浮标。20世纪八九十年代，我国的浮标技术还不成熟，设备经常会发生故障，需要不时进行检修。检修的时候，王军成与同事要爬到随风浪起伏摇晃的浮标上，因为站不稳，他们就用一根绳子一头拴在浮标上，一头拴住自己的腰加以固定。进到设备检修舱里，空间封闭狭小，污浊的空气混合着铅酸蓄电池的气味总能引起人的呕吐感。只要进检修舱，大家就自觉地带上塑料桶，边工作边吐。

海上作业的辛苦闻名于业内，但比起能夺人性命的骇浪惊涛、暴风、骄阳，呕吐感都只是小问题。设备检修最需要及时，所以即使风浪再大也要硬着头皮出海。有一次维修时浪高1.5米，王军成和同事勉强作业，4个小时过后，设备修理好了，风浪却越来越大。浮标和船在3米多高的落差间上下起伏，王军成等人无法从浮标上再回到船上，船长立刻要求他们跳海，然后用绳子把他们拖到船上。近40年的时间里，王军成对浮标的感情可谓"爱恨交织"。不过"人在陆上，根在海里"的一句话，也足以说明他与浮标的难舍难分了。

实力出线：最闪耀的星辰

责任感，是王军成奋斗在浮标研究一线的动力。他从走上这条路开始就有一个强烈的责任感：中国要成为海洋强国，海洋技术必须先行。

2008年北京奥运会时，青岛承办帆船比赛，需要为运动员提供海上风速和气压变化等信息。当时奥委会进行招标，选择了名气较大的挪威生产的设备，然而半年的试运行期间内，设备坏了两次。紧要关头，王军成的研究团队在众多投标者里脱颖而出。他们在两个月内制作出的3套浮标在青岛海域运行两年半，毫无故障地精准传出各项数据，确保了比赛的顺利进行。

国家海洋资料浮标网运行后，每天都会向中国气象局等单位提供约3万组气象水文数据，帮助国家进行气象预报与海洋灾害预警。祖国辽阔的海疆中，王军成研制的浮标作为护航的卫士，作为搜集信息的眼睛，是海洋上最闪耀的星辰。

从无到有：只想做好两件事

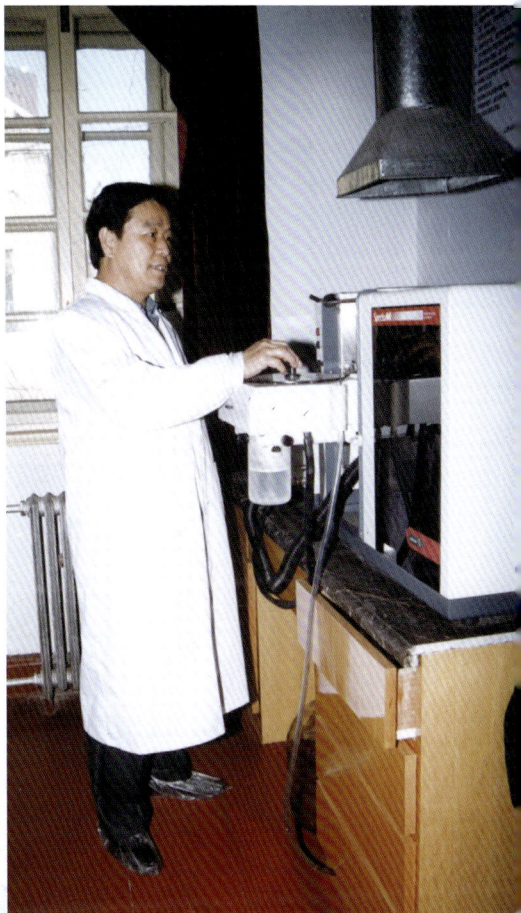

工作中的王军成

其实早在20世纪60年代，针对海洋装备与浮标的研究已经开始，但是由于资料与经验的缺乏，我国在该领域的研究并没有多大的进展。王军成并不是海洋专业科班出身，可是在山东生活的他一直向往着海洋，无线通信技术本身与海洋装备研究也有着千丝万缕的联系，这让王军成得以结合二者的研究成果并从中获得灵感。1989年，他所在的山东省科学院海洋仪器仪表研究所研制的我国第一台现代化的大型海洋资料浮标系统在黄海布放运行。近40年的时间里，王军成构建了海洋动力环境浮标监测技术理论，推动着我国浮标技术不断发展。如中国海洋腐蚀与防护专家侯保荣的评价，王军成"实现了我国业务化大浮标从无到有的突破"。

时至今日，王军成的研究脚步也并未停下。浮标技术的研究和工程应用已经基本成熟，

海洋浮标的类型

王军成随即将目标转向深海浮标研究以及特殊海域的浮标研究。除了继续完善浮标领域的研究工作，王军成还关注着海洋立体监测技术的研究，主要涉及开展水下探测技术。

王军成曾感慨："我这辈子研究了30多年浮标，近10年正在研究潜标，只要能为国家干成这两件大工程，我就可以退休了。"语气中的举重若轻，其实包含着掩饰不住的壮志豪情。这豪情让人不得不感叹，生命的长度太短，短得只能做好一两件事情；生命的厚度却可以丰富，容得下对海的关注和向着星辰的征途。

科学家名片

王军成（1953— ），男，山东招远人。海洋资料浮标专家。

主要成就：

主持了我国海洋资料浮标系统的研制、改型及技术保障工作，保障了我国海洋资料浮标网和海洋气象浮标网的业务化运行；

主持研制的"FZF2-2型海洋资料浮标系统"获2001年度国家科技进步二等奖；

主持的"系列海洋监测浮标研制及在国家海洋环境监测中的应用"项目获2018年度国家科技进步二等奖。

微微元素海中求　生生不息万物风

——化学海洋学与海洋生物地球化学家张经

东印度洋海域上，一艘科考船正在微咸的海风中平稳地行进着。处于这艘名为"实验3"号的科考船上的人，是中国科学院院士张经和他的研究生们。

✥ 几处探索　坚定执着

我们常说，世界上唯一不变的就是变，辩证法告诉我们的道理，在我们每个人的生活中都得到过验证。从内蒙古到南京，到法国，到青岛，再到上海，张经的人生轨迹仿佛连接起了这几个地方，又或者说这几处美丽的地方成就了如今的张经。

1957年10月生于内蒙古自治区的张经，以优异的成绩考上了南京大学地质系，又于1982年进入山东海洋学院攻读硕士学位；1988年，为了进一步学习世界先进技术，他在法国皮埃尔和玛丽居里大学同位素生物地球化学实验室学习并获得博士学位。在法国学习的时间里，他再一次看到了自己的不足，于是决定留在法国巴黎高等师范学校与荷兰海洋研究所，作为博士后继续进行研究以提高自己的学术水平。留学生活让他得以接触到世界前沿的研究方法，为他开阔的国际视野打下了坚实的基础。

1990年，归国的张经回到了自己曾经求学的山东，在青岛海洋大学（今中国海洋大学）化学化工学院任教；1999年他被聘为教育部首批长江学者特聘教授，并在华东师范大学河口

海岸学国家重点实验室工作。在漫长的学习和研究过程中，他始终在自己热爱的海洋化学和海洋生物地球领域辛勤耕耘，获得了一系列在国际上都享有声誉的成果。

小处着手　精益求精

张经多年来科研成果突出：他发表研究论文300余篇，编写或主编中英文专著、研究生教材7部，成果中近百篇论文为SCI收录，被引用逾700次。不仅如此，他还在科研和教书育人之余，担任了多项职务：在联合国教科文组织政府间海洋委员会中任基础建设咨询委员会成员，在国际海洋科学指导委员会中担任第128工作组"近海缺氧问题"的负责人（2005~2008）。

但是再繁忙的事务，在张经的合理安排下都变得井井有条。他在系统研究中国河口中痕量元素与生源要素的行为的基础上，提出了高浑浊河口的生物地球化学理论与物质循环模式；他还发展了边缘海的生源要素收支模式，在更为深入的层次上揭示了中国海的生物地球化学过程的内在驱动机制和变化的特点。

师生齐力　共赴科考

2018年3月15日，中国科学院南海海洋所"实验3"号科考船由广州新洲码头基地启航，赴东印度洋海域执行2018年国家自然科学基金委东印度洋共享航次科考任务。这已经不是张经第一次带领团队进行科考活动了，但他仍然力求将这次任务的每一处细节都做到最好，力求在这次科考活动中获得尽可能多的研究材料。痕量元素表层及剖面采样、溶解态铅的含量、铅在该海域的分布、行为的因素及其源、汇分析，这些内容被整齐地码放在张经高速运转的头脑中，有条不紊地一项一项完成。

在出海考察中指导学生的张经院士

吃水：4.95米
设计排水量：3000多吨
满载排水量：3243.35吨
平均航速：18节
最大航速：19.5节
设计最大续航力：40天
最大航程：9000海里
主机（柴油机）：2×4800马力
定员：94人

"实验3"号的基本信息

　　他在做科研的同时也不忘教书育人之责，时刻不忘培养自己所带研究生的科研能力和水平。为了让学生能够更直观快速地了解科学考察过程中的取样和分析，他忍着眩晕的感觉，亲自进行样本的提取和过滤，主动承担最繁重的任务，他用自己的行为为学生作出了最好的榜样。

　　张经院士是我国化学海洋学和海洋生物地球化学领域中的优秀学科带头人之一，是教育部"长江学者奖励计划"首批特聘教授，国家自然科学基金委员会杰出青年基金获得者，国家级有突出贡献的中青年专家，新世纪百千万人才工程国家级人选，上海市首批领军人才。这些闪闪发光的荣誉背后是无数次夜晚的孤灯相伴，无数次实验的失败阻挠，但他却在孤灯与失败中披荆斩棘，在科学研究的汪洋大海中扬帆前进。

科学家名片

　　张经（1957—　），男，内蒙古自治区人。化学海洋学与海洋生物地球化学家，中国科学院院士。

　　主要成就：

　　在系统研究中国河口中痕量元素与生源要素的行为的基础上，提出了高浑浊河口的生物地球化学理论与物质循环模式；

　　发展了边缘海的生源要素收支模式，揭示了中国海的生物地球化学过程的内在驱动机制和变化的特点。

追梦拓荒两不误
"大事小事"皆可行
——物理海洋学家陈大可

海洋，凭借其足以让人沉醉的神秘，吸引着每一个人目光的同时，也让世界各地的科学家愿意倾尽一生去探索。我国杰出的物理海洋学家、中国科学院院士陈大可便是这样一位科学家。

追梦路上 远跨重洋

1982年，25岁的陈大可完成了自己在湖南师范大学物理专业的学习，意气风发的他有着自己的梦想，那就是进入物理海洋学领域，去了解令人着迷的海洋，但是他认识到，自己的研究水平和知识储备是远远不够的，于是，他选择了到国家海洋局第二海洋研究所攻读物理海洋学专业硕士学位。在杭州的学习生活，让他进一步了解了自己要为之奋斗的事业，也坚定了探索海洋的决心。他知道要做出新的成果并不容易，仅仅依靠当时国内的有限资源，无法接近国际前沿水平，更谈不上超越了。

因此在接下来的20年里，陈大可选择在美国学习和工作，在漫长的岁月中打磨自己的基本功，学习并发展国外先进的研究方法，寻求科研上的突破。1989年他在纽约州立石溪大学获得博士学位，随后在美国罗德岛大学海洋学院和美国宇航局GSFC中心工作，1995进入美国哥伦比亚大学LDEO研究所，历任副研究员、研究员、高级研究员、Doherty高级研究员和Lamont研究教授，其间，他在近海、大洋和气候研究领域都取得了令人瞩目的成就。

时光从来不会对谁更宽容，但陈大可在时光的追逐中从容地奔跑着。

投身科研　绽放精彩

2003年秋，受国家海洋局海洋动力过程与卫星海洋学重点实验室的邀请，陈大可来到位于杭州的国家海洋局第二海洋研究所进行了为期3个月的研究工作。在此期间，他完成了《厄尔尼诺在过去148年内的可预报性》

演讲中的陈大可院士

一文，刊登在国际权威杂志 *Nature* 上，引起了学术界的广泛关注。在论文中，陈大可团队利用改进后的LDEO预报模式，对过去一个半世纪发生的所有主要"厄尔尼诺"事件进行了成功的回溯性预报，并将预报时效提前到两年。陈大可在此领域还开展了一系列相关的突破性工作，研究成果发表在 *Science* 和 *Nature Geoscience* 等高影响刊物上，这些成果也代表了海洋和气候预测研究的国际先进水平。

除了在厄尔尼诺研究和预测方面取得了突出成就，陈大可还在物理海洋学及相关学科的诸多研究领域，如沿岸上升流的数值模拟、营养盐的垂向混合、湍流混合的参数化、锋面与内潮的机制、南极海冰的年际变化、台风与海洋的相互作用等方向，均作出了开创性的贡献。他曾两度担任科技部"973计划"首席科学家，多次主持重大、重点国家基金项目，并任国家基金委创新研究群体学术带头人。

拓宽视野　面向大洋

近年来，陈大可将注意力放在深海大洋和南北两极的研究上，主导或参与编写了多份相关战略研究报告，为在国家和国际两个层面

我国自主建造的
第一艘极地破冰
船"雪龙2"号

上推动大洋和极地研究计划作出了重要
贡献。他还作为首席科学家，带队在南
大洋和南极的罗斯海、阿蒙森海进行了
多学科综合考察。2018年9月，我国自主
建造的第一艘极地破冰船"雪龙2"号正
式下水，陈大可院士在仪式上为新船命
名。海洋，还如同之前那样深深地吸引
着他，然而他对海洋更多了一份了解、
一份情谊和一份关怀。

2015年，陈大可当选为中国科学院
院士，然而他还在海洋研究上寻求更大的突破，还在为我国的海洋科技
事业奋斗。他呼吁将我国海洋科学研究的范围从中国近海扩展至全球大
洋，大力增加对全球海洋观测系统的投入，同时更加重视实际应用之外
的基础科学问题，制订一个更为明确的国家海洋科学与技术战略计划。
他还特别呼吁加强海洋科技人才队伍的建设，不遗余力地支持青年人才
的成长，吸引更多的莘莘学子投身海洋科学研究。他认为，随着我国综
合国力的持续增长，海洋科技实力也必将迈上新的台阶。有志于海洋事
业的年轻人应该抓住机遇，在新的领域扬帆起航。

科学家名片

陈大可（1957— ），男，湖南长沙人。物理海洋学家，中国科学
院院士。

主要成就：

系统开发了厄尔尼诺-南方涛动（ENSO）预测模式，突破了限制ENSO
预测水平和可预测性评估的关键瓶颈，推动了ENSO研究的发展进程；

系统阐释了海洋混合的物理机制，创建了一个新颖有效的垂向混合
模型，为攻克湍流混合这一物理海洋学重大难题提供了新的理论和方法。

显微镜下书写科研大爱情怀

——纤毛虫原生动物生物学专家宋微波

纤毛虫，原生动物中结构最复杂、多样性最高的一个大类群，广泛分布于淡水、海水、极地、土壤中以及各类动植物宿主体内外，长久以来，这些无处不在的单细胞微小生物虽然与我们的生存环境息息相关，却长期远离人们的视线。然而中国科学院院士宋微波，却全心全意投入到这一领域的研究中去，从一个人发展到一个团队，直至成为该领域全球研究的中心。

从斗室到国际海洋纤毛虫学研究中心

中国海洋大学水产馆2号楼二楼阳台右侧，是一个约6平方米的封闭空间，这里曾是宋微波1989年初刚回国时搭建的第一个实验室。作为一个新人，他从学校获得的资助是3000元启动经费，谈起科研起步时的窘迫，宋微波记忆犹新。幸运的是，在那段最困难的时期，他得到了当时众多前辈和同事的无私帮助。

他至今难忘所收到的第一笔驰援：1990年，时任水产系副主任的管华诗在听到宋微波的工作困境后，毫不犹豫地将其所获的山东省自然科学基金全额给了他，12000元，在当时是一笔不菲的资金，堪称雪中送炭。回顾回国后的发展，他一直称自己在学术人生中遇到了太多的像管华诗教授那样的"贵人"，这些都让他感恩和难忘。

20世纪90年代初，国内的科研氛围尚不浓郁，在学术界，原生动物研究更不被人们重视，对于海洋纤毛虫的研究近乎空白。宋微波说："这也是为什么我们在这个领域工作了这么久，一直还在继续和扩展的原因。"作为一个拓荒者，他带领团队开展了持续30多年的围绕纤毛虫分类、区系的研究工作，这项工作也促成了今天国际海洋纤毛虫学研究新格局的形成。他同时还主持了对海水养殖环境中病害原生动物的研究工作，并出版了该领域的首部专著——《海水养殖中的危害性原生动物》。

硕果累累 走向国际舞台

宋微波研究工作的另一个重要分支在纤毛虫细胞学领域，宋微波和团队在该领域所取得的成就，构成了国际上该分支领域的核心成果。对国际原生生物学领域5家主流刊物的统计显示，在全球范围内最近10年的相关文章中，他和学生所完成的工作构成了该领域相关成果的三分之二，在世界上具有重要影响

在他的带领下，团队最近十几年来将分子生物学技术引入到系统学研究中，先后开展了对纤毛门内各大类群的标记性基因测序、对系统演化关系的分析和探讨，成果累累。他和团队所提交的标记性基因序列形成了国际GenBank 信息库中纤毛虫类群的重要组成部分，成为国际纤毛虫分类学—系统学—基因组学研究的重要档案资料。

与此同时，宋微波积极活跃于国际学术界，他与多位国际同行先后策划和领导了多项国际合作项目，推动了一系列合作研究的开展。他也先后当选为国际原生生物学家学会常务执委、中国动物学会原生动物学分会理事长、亚洲原生动物学会主席。

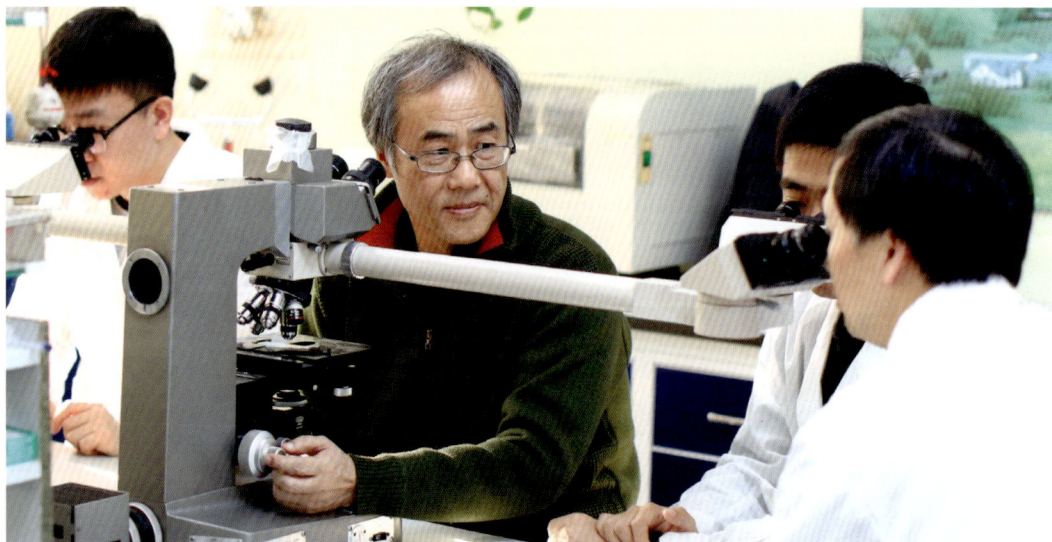

工作中的宋微波院士

人无远虑　必有近忧

在原生动物学团队的发展方向上，宋微波一直坚持的观点是"人无远虑，必有近忧"。他时刻提醒自己，一个掌舵人的意识和观念将决定一个团队的兴衰。1996年前后，分子生物学在原生动物学研究领域中还是一个新兴分支，凭着直觉，宋微波意识到这一方向的意义和前景，在团队内及时开辟了纤毛虫分子系统学研究的新方向。如今，以纤毛虫为材料的分子生物学分支不断地延伸、拓展并已成为团队中的核心领域之一，他们在表观遗传学、基因进化、分子系统发育等领域，不断攻克制高点，形成新突破。

正是宋微波和团队的辛勤耕耘，才赢得了我国在原生动物学研究领域中的国际领先地位，当下，宋微波领导的研究室已成为国际同行公认的原生动物领域最活跃、最高产的研究团队，而这一切成就与荣誉的背后，都是源自于他的一丝不苟和全心全意。

科学家名片

宋微波（1958—　）男，江苏睢宁人。原生动物学家，主要从事纤毛虫原生动物生物学研究，先后涉及海洋纤毛虫的分类学、细胞学、系统学等分支领域，中国科学院院士。

主要成就：

创建原生动物学实验室，带领团队深入、系统地完成了我国沿海以及南极地区纤毛虫的分类与区系研究，填补了西太平洋及东亚海洋环境中纤毛虫多样性研究的空白，促进了全球海洋纤毛虫研究新格局的形成；

在纤毛虫的细胞结构分化、模式构建领域，开展了对腹毛类等重要类群的细胞发生学研究，揭示了大量新的细胞分化－去分化新现象，首次建立了凯毛虫等大量代表性种属的个体发育模式，构成了国际相关领域近20年来的核心成果；

在纤毛虫分子系统发育领域，主持完成了对纤毛门内纲目级阶元的系统探讨和标记基因的测序工作，建立了全球最大、覆盖所有海洋类群的DNA库，成为国际纤毛虫分类学－系统学－基因组学等开展研究的重要档案库。

潜心学术怀天下　披荆斩棘为国强

——水产动物营养和饲料专家麦康森

"**我**相信这个世界上没有解决不了的困难，考验的是对待困难的态度和担当精神"。这个说起来简单做起来却很难的道理，中国工程院院士麦康森一直都在实践着。

历经坎坷终得闪光人生

相比于现在的小家庭来说，麦康森的家庭可谓"人丁兴旺"。作为家里的第五个孩子，上有三个姐姐一个哥哥，下有一个弟弟，麦康森的学习和生活条件在父亲病逝后更是坎坷。母亲的操劳辛苦他看在眼里，更是下定决心，拼了命地抓住学习的机会，希望通过知识来改变自己的生活。

1978年10月，麦康森以优异的成绩考入山东海洋学院，并且靠着连续4年获得一等奖学金，完成了本科学业。面对是工作赚钱以补贴家用还是追逐梦想继续攻读学位的两难境地，麦康森有过犹豫，但母亲的支持、强烈的求知欲和对科研的热情让他最终选择在母校的水产养殖专业继续攻读硕士学位。

在实验室中工作的麦康森

科研的道路是无尽的，很多人在平坦的路上选择漫步前行，有的人却甘愿走入荆棘去探索新路。麦康森在硕士毕业后进入湛江水产学院任教，为了进一步开阔视野，学习国际先进理论，他争取到了1990年学院唯一的国家公派出国进修名额，远赴爱尔兰留学，进行贝类营养研究。在那时，贝类营养研究这一领域较为冷门，这让麦康森看到了挑战背后的无限潜力和机遇。

坚定前行实现蓝色梦想

在爱尔兰攻读博士学位期间，麦康森选择以鲍鱼为具体研究方向，求学期间，他取得了多项科研成果，并受到导师的赏识，导师挽留其继续留在爱尔兰进行研究，但麦康森始终心怀为祖国作贡献的梦想，毅然谢绝挽留，返回故土。

回国后的麦康森依旧潜心科研，在鲍鱼研究领域的成就和影响，使他连续9年获得国家自然科学基金项目的支持，这也使得他有更好的条件进行进一步的探索。

参加会议的麦康森院士

1997年他当选为国际鲍鱼学会理事，获得了国际鲍鱼学会授予的"杰出青年科学家"奖项；2003年，他作为第五届国际鲍鱼学术讨论会组委会主席，参加了在青岛召开的国际鲍鱼学术研讨会；2003年，他的"鲍鱼营养学研究"项目获得教育部提名的国家科学技术奖自然类一等奖；2005年，"海水养殖鱼类营养研究"项目和"无公害饲料开发"项目获教育部科技进步一等奖。除此之外，他的其他研究项目分获省、部级科技进步一、二等奖等10多项荣誉，并获"国内实用性配合饲料"等国家发明专利23项。他始终坚定地向着蓝色梦想前行。

因科研能力出众，麦康森37岁就被破格晋升为教授，一年后被聘为博士生导师，不到两年就担任了水产学院院长，1998年，还不到40岁的麦康森成为当时青岛海洋大学（今中国海洋大学）最年轻的副校长。

潜心学术放弃"光明仕途"

2001年10月，麦康森作为全国45岁以下杰出青年学者的代表，收到了教育部"长江学者奖励计划"特聘教授的聘书，成为一名被誉为"准院士"的长江学者。此时众人皆羡其"仕途"大好，他却做出了让人"大跌眼镜"的选择。他觉得自己精力有限，几番权衡之后，为了让自己专心进行教学与科研工作，他选择辞去了中国海洋大学副校长一职。

这样的选择引起了很多人的不解，有人曾问过麦康森，院士是不是他的奋斗目标，而麦康森的回答既谦虚又自信："其实我从来没有将当选院士当成人生目标。我的工作既满足了我的科研兴趣，科研成果又能够解决产业问题，推动经济社会发展才是我一直努力工作的动力。"

翻阅麦康森的人生经历，我们会发现作为一名科研工作者，他始终把国家的富裕强盛挂在心间。在教学和科研之外，他还曾当选全国人大代表，在2004年的全国人民代表大会上提出了"保护海洋资源，发展海洋经济"的建议，2006年向全国两会提交了"尽快出台海岛管理法"的立法建议。潜心学术也心怀天下，麦康森一直在用行动践行着科学家的担当精神。

海洋强国的梦想让他无论在怎样的岗位上，都力求做到最好，为国家作出更大的贡献。这也是以麦康森为代表的海洋科研工作者的共性，是我们要学习和坚持的信念。

科学家名片

麦康森（1958—　），男，广东化州人。水产动物营养和饲料专家，中国工程院院士。

主要成就：

从事比较营养学与生物进化领域具有重要研究价值的贝类营养学，以鲍鱼为对象，在贝类营养研究方面不断取得新成果，填补了许多该领域的空白；

长期从事水产动物营养与饲料学的教学、研究与开发工作，参与编写《水产动物营养与饲料学》一书，并且为该书的修订版主编。

书卷上的海洋卫士
——海洋地质学家李家彪

提 起保家卫国，热血、枪炮、硝烟是人们对这个词的第一印象。书卷、理论、科研，则或被作为"后备保障"置于幕后，或被列为"指导思想"高不可攀。实际上，科学研究与国家资源、国家主权直接相关。以中国工程院院士李家彪为代表的海洋地质领域的科学家们，如同扛枪的战士一般，战斗在无烟的战场上，他们奋斗之艰辛、对祖国之贡献，丝毫不逊色于现实战争中的铁血卫士。

护卫资源：做国家矿藏的"守门人"

1989年，李家彪从同济大学研究生毕业，回到位于家乡杭州的国家海洋局第二海洋研究所。20世纪八九十年代是我国海底矿产资源研究逐渐开展的时期，彼时，上一代科学家已为祖国争取了东太平洋15万平方千米的专属勘探矿区，可条件与技术跟不上，中国的海洋矿产开发和利用率都不高。于是，李家彪在1992年前往法国，为研究大洋多金属结核矿物"取经"。

1996～1997年，海底地质研究与海洋维权越来越受到国家的重视。1996年，国家海洋局开展了历史上第一个重大专项——"专属经济区与大陆架勘测"研究，大家力推35岁的李家彪担任此项目的负责人。自此，李家彪全心扑在工作上。2011年，我国向联合国国际海底管理局递交了全球第一份硫化物矿区申请，李家彪作为答辩组成员，为我国赢得西南印度洋上万平方千米多金属硫化物矿区的专属

考察工作的李家彪院士

勘探权和优先开采权作出巨大贡献。10年的潜心耕耘，终于结出累累硕果。

护卫国土：做国家主权的"捍卫者"

资源总是与领土密不可分，是国与国之间争论较量的焦点。探索资源的10余年间，李家彪也并没有疏于维护祖国大陆架的权益。

李家彪院士领导的项目——"中国海大陆架划界关键技术研究与应用"获国家科技进步奖二等奖

2012年，针对日本的"购岛"闹剧，中国向联合国大陆架界限委员会提交了中国东海部分海域大陆架划界案，提案在2013年进行答辩，分为科学与法律两个部分。作为中方首席科学家，李家彪负责的科学部分阐述，占了整个答辩案的四分之三。从李家彪到纽约开始，紧张与试探的氛围即在答辩台上下弥漫，答辩前，日本NHK电视台一直想探得中国代表团的方案，但始终没有成功。答辩时，李家彪的陈述一结束，评审方中的日本委员就站出来，指责中方对东海海底大陆架界限的判定缺乏科学依据。然而，李家彪不仅强调了中方的科学依据和划界准则完全符合《联合国海洋法公约》的规定，更是引用了日本科学家的相关观点进行佐证，而曾在国际刊物上发文赞同中方划界理念的日本科学家，正是这位日本委员的导师。当这份答辩书被提交到界限委员会时，日本委员看着自己导师的佐证陷入沉默，再也没有提出新问题。答辩的成功，让中方的划界案顺利进入了审议阶段。回想起准备过程中的无数个日夜，李家彪说："一代科技工作者为国家争取到的海底资源或许现在并没有开发条件，但主权权益永远都不能旁落，等到技术成熟的那一天，这片海底的资源便是我们留给后人的宝藏。"

护卫科研：做奋斗不息的"运动员"

　　近30载岁月刹那而逝，如今李家彪已是海洋地质学领域的国际知名专家，各种论文、著作、奖项可谓硕果累累，可他对自己的评价，不过是"运动员"一词。因为他想做的，仅仅是在科学研究的道路上一直奔跑，永不止息。对李家彪来说，时间总是不够用的，万家团圆的春节，他还在印度洋上与同事们一起布放海底地震仪。

　　李家彪时间紧张，对学生的关心却从不打折。青年科研人员的报告，李家彪总会一一去听，他鼓励年轻人，"没有不能发表的论文，除非你不写论文"。他还推出"海洋名家讲堂"，邀请海洋科技领域的院士举办讲座，鼓励文化建设，带头参加研究所里的各种活动。

　　科学研究的道路，总是漫长而曲折，不过我们相信，李家彪会是坚持到底的那个人。作为国家矿藏的"守门人"，他充满真诚与热情；作为国家主权的"捍卫者"，他总有勇气和智慧；作为科研道路上的"运动员"，他不乏坚持与勤奋。他是书卷上的海洋卫士，情怀在骨，热血在心。

科学家名片

　　李家彪（1961—　），男，浙江杭州人。海洋地质专家，主要从事海底地质科学与海底探测工程技术，中国工程院院士。

　　主要成就：

　　推动中国大洋中脊调查研究，实现国际海底硫化物找矿的突破；

　　系统研究了中国边缘海地质，发展完善了动力学演化理论知识；

　　实现海底科学和海洋法学的交叉研究，创建中国大陆架划界技术理论体系；

　　促进多波束测深技术的应用和发展，建立完善中国海洋调查的技术标准体系。

心念责任　立志于国

谈及研究微生物的科学家时，人们总喜欢化用"见微知著"这个成语，因为我们总是难以想象，科学家是如何从肉眼不可见的微观世界感受造物的奥秘，无法揣摩他们如何将比"秋毫之末"更微小的存在，用来济世利民。

海洋生物学家焦念志就是如此，他的眼睛看向的是显微镜下的微生物，心中时刻挂念的却是国家数百万平方千米的海疆，以及中国在世界舞台上的大国形象。

专业人做专业事

1979年，焦念志考入山东海洋学院，此后，他在蔚蓝的山东半岛度过了漫长的求学生涯，逐渐成长为一名专业的海洋科学工作者。20世纪90年代，他赴日本东京大学做博士后研究，又在美国麻省理工学院进行访问，国际化、全球化的视野展开，他将目光投向海洋中的微型生物以及它们在海洋碳循环和全球气候变化中的作用。

从21世纪开始，"气候变化""绿色""减碳"成为热门话题，然而热点带来的仅仅是关注和讨论，想要真正解决问题，要无数次尝试踏过荆棘。"科研中遇到的'不正常结果'可能恰恰隐藏着新发现，勇敢地面对困惑、敏锐地洞察细节，就有可能实现突破"。对焦念志来说，从"困惑"与"质疑"当中寻求突破和收获，不断地前进与探索是科学研究的必备素质。海洋新生产力、原绿球藻等新领域的开拓，包括细菌光能利用的上层海洋碳循环新模型的建立，"海洋微型生物碳泵"储碳新机制理论框架的提出……硕果结出之前，都曾遭遇风吹雨打，经历酸甜苦辣，但现实会证明付出的价值。

出海考察时严重晕船的焦念志，常常在呕吐不止中坚持工作，然而足迹遍布中外海区的他也积累了在国际舞台上发言的"资本"；实验台上夙兴夜寐，用眼过度导致的眼底渗血，日常久坐造成的腰椎间盘突出，让他几次住院治疗，然而身体的病痛也无法磨灭他对科研的热情。"专业人做专业事"，平淡的语言里，是焦念志对工作的责任，也是对事业的热情。

在其位则谋其政

焦念志对专业认真严谨，对社会与国家，他也抱着一份责任感，作为人大代表，焦念志希望把科学技术转变成经济发展中可行的政策和措施。焦念志研究"海洋碳汇"的缘由之一，就是"碳汇"可以为我国低碳经济提供科学依据，也可以使一些海洋补偿的政策落到实处。

正在作报告的焦念志院士

为了推动产学研结合，焦念志发起并成立了"全国海洋碳汇联盟"（COCA）和"中国未来海洋联盟"（CFO）。在为"海洋碳汇"和环境问题应急体系奔波的同时，焦念志还关注着我国尚未健全的海洋立法。他表示："立法是人大代表的专责，海洋必须进行法制化管理，利用我的专业基础，继续推动一些政策法规的落实，一定要竭尽全力为我国海洋创造规范化管理的框架。"如何让科学知识更好地服务于经济发展、社会进步、环境改善等方面，是焦念志一直在思考的问题。

国际化而话国际

环境问题的日益凸显，使"海洋碳汇"也成为国际关注的话题，中国海洋碳汇扩容相关领域的研究在国际上已处于领先地位，因此也获得了更多的话语权。焦念志回忆，2008年时，他负责国际海洋研究科学委员会下辖的一个工作组，一位印度科学家就对自己在工作组的收获表示了感激，并在回国后按照新的科学理念拿到了研究课题。对此，焦念志感到自豪，他说："要想做事，需要平台，而现今我们国家打造的平台不比国外差，一些硬件条件比国外还好很多。随着我国国力发展，越来越多的中国科学家在世界上都拥有了发言权。"

在谈及科学家融入国家发展的问题时，焦念志表示希望能借助"一带一路"倡议，同步欧美，携手"金砖国家"，共同探讨人类利用海洋的新方法。2015年，由焦念志推动的、经过近6年的严格评选方才成立的"海洋生物地球化学与碳汇论坛"，被著名学术品牌美国《戈登科学前沿论坛》（GRC）批准为永久论坛，这是由我国学者自主发起创立的第一个GRC永久论坛。

焦念志，既是在国际上首次提出"海洋微型生物碳泵"理论框架的科学家，同时也是关心国计民生的人大代表。他的心总是充满责任感，他的志向与研究，也总是牵挂着他的国家。

接受采访的焦念志院士

科学家名片

焦念志（1962—　），男，山东临朐人。海洋生物学家，中国科学院院士。

主要成就：

主要从事微型生物海洋学研究，在碳循环与海洋微型生物过程与机制方面取得了原创性系统成果，出版了我国首部《海洋微型生物生态学》专著，开拓了海洋新生产力、原绿球藻、好氧不产氧光合异养菌（AAPB）等新领域的研究；

在海洋微型生物碳循环和海洋碳汇研究领域取得了重要成果，提出了海洋储碳新机制——"海洋微型生物碳泵"理论框架。

华夏工匠　蓝色将军

——港口海岸及近海工程学专家李华军

幅员辽阔的中国，不仅有多姿多彩的秀丽山河，还有广袤无垠的海洋领土。漫长曲折的海岸线虽然能带来丰富的资源，但也使得中国面临着海洋灾害的挑战。风暴潮灾害、海浪灾害、海冰灾害、咸潮入侵等，这些冰冷字眼的背后，带来的是沿海民众的流离失所、经济财产的巨额损失、科研平台的毁坏坍塌等一系列严重后果。

有这样一个人，他将30年的心血投注在近浅海海洋工程安全设计与防灾技术上，屡次为中国海洋工程带来国际水准的安防保障，他就是中国工程院院士、海洋工程学家李华军。

"工人"：工程人的工匠精神

1982年大学毕业后，在动力机械专业学习了4年的李华军被分配到原广饶县播种机厂，成为一名技术员。日复一日的跑车间、修机器，让他积累了丰富的一线生产实践经验，但这些所见所闻也让他日益焦心于陈旧机械设备和落后技术对生产的影响，忧心于自身创新能力的不足。1983年，他考取了大连工学院（今大连理工大学）造船系的研究生，这个在渤海莱州湾长大的青年，开始探索大海的奥秘。

2000年夏天，李华军意外得知我国浅海区域首个年产量超200万吨的大油田——埕岛油田中心二号平台存在过度振动的现象，平台工人随时都有生命危险。在多次检测无果后，工程方忍痛考虑放弃价值数亿元的钻井平台。面对"中石化十大安全隐患"之一，李华军却认为"还有放手一搏的必要"。拿着厚厚的检测报告再三分析，李华军大胆判断：前期检测时传感器布设的点数过少，不能涵盖和反映整个平台的振动状况。为获得真实数据，李华军团

队在冬天顶着寒风与巨浪在平台上架设仪器。在不分昼夜的劳碌里，在一遍遍分析、研究和一次次构建模型试验中，他们终于在纷繁数据的背后找出了平台过度振动的原因。工人们可以安心工作了，管理方保住了原本打算拆除的平台，避免了数亿元损失，李华军说："这不就是我们搞科研的目的吗。"

"军人"：　"海将军"的有力护卫

1986年，研究生毕业的李华军主动申请到部队工作，他被分配至海军潜艇学院，成为一名海军军官，从事有关潜艇的研究工作。他的经历，足以证明他不只是一名科研工作者，更是保卫祖国蓝色疆土的"海将军"。

20世纪90年代，李华军带领团队潜心研究海洋防灾问题。他们攻克了海洋平台设计与安装等关键技术，构建起海洋工程设施安全防灾、减灾技术体系，同时，李华军还非常重视科研成果的实用性，"任何高精尖成果只有落地应用才有意义"。比如我国的海洋钻井平台建设，需要成熟的海上起重技术，在当时中国浮吊船海上起重能力不足的情况下，李华军团队研发出了大型海洋平台结构整体安装模拟与分析技术，该技术为浮托安装滑移装船、系泊优化、就位对接等关键问题找到了解决思路。

"学者"：科研者的远见卓识

作为一名科研工作者，李华军的目光不只局限在实验室，还在于对科研领域未来发展潜力的挖掘。首先是对人才的培养，1992年8月，他开始在青岛海洋大学（今

海上钻井平台

中国海洋大学）任教，多年来，培养了近100名硕士、博士研究生，这些青年才俊，大多成为海洋工程领域的科研与技术骨干。他领衔创建的海岸与海洋工程研究所，已发展成为我国海洋工程研究领域的一支专业化团队。

作为专业领域的领军者，李华军时刻思考着海洋工程的未来。2011年他已经开始着手

正在作专题报告的李华军院士

进行大型深海平台攻关研究；2013年，李华军团队与企业联合开展了"高端系列化半潜式钻井平台设计建造关键技术及产业化应用"研究，并首次引进荷兰、瑞典团队，研究突破海工装备关键核心问题；2014年，李华军又申报了"大型深海结构水动力学理论与流固耦合分析方法"项目，成为国家自然科学基金委在海洋工程领域资助的首个重大基金项目。

"一个科学家必须要时刻保持着对未知领域的好奇心。对我来说，揭开深远海海洋工程技术领域的秘密永远在前方召唤，时不我待，只争朝夕"。李华军的成长，靠的是一步步踏实的积累、坚毅的勇气与奋进的精神，他作为科学家的谋略、视野、情怀和抱负，也将推动他在探索海洋的道路上，走得更高、更远。

科学家名片

李华军（1962— ），男，山东广饶人。港口海岸及近海工程专家，中国工程院院士。

主要成就：

从事海洋工程结构设施的动力分析、设计及其安全防灾关键技术研究开发领域的工作，其成果已得到工程应用，并取得经济和社会效益；

2004年，他主导的"浅海导管架式海洋平台浪致过度振动控制技术的研究及工程应用"项目获得国家科学技术进步奖二等奖；

2008年，他主导的"海洋结构动力检测与振动控制理论"研究获得教育部高等学校科学技术奖自然科学奖一等奖。

见微知著　探寻奥秘

——海洋生物学家张偲

我们生活的地球，其实是一颗蔚蓝的"水球"，占地球表面积71%的海洋所蕴藏的自然资源以及生命奥秘的丰富程度，远超人类的想象。

对海洋生物学家张偲来说，生命的气息使他着迷，他探索生命的着眼点也很"微妙"，那就是海洋微生物对人类健康与生态系统的作用。

生命：人体健康的"护士"

1985年，毕业于山东海洋学院海洋生物系的张偲，考入中国科学院南海海洋研究所做研究生。硕士期间，张偲跟随谢玉坎教授从事贝类生物学研究；博士期间，他又转而跟随潘金培所长、王宁生教授等人进行海洋生物活性物质研究，从那时起，张偲超群的学术科研能力逐渐彰显。1996年，中科院南海所选派张偲访问印度研究与工业委员会，在印度药物工业研究所和印度分子与细胞生

显微镜下的海洋微生物

物学研究所学习。此后，张偲在开展海洋微生物、热带海洋生态工程研究的同时，也关注着海洋药物领域，进行海洋生物活性物质的研究与开发。

张偲致力于海洋微生物的绿色利用，使它们成为人体健康的"护士"，他主导的很多项目，都是从海洋微生物身上提取出了促进人类长寿和健康的营养物质。张偲与他的团队分离鉴定了1100多个海洋生物化合物，发现了139个新化合物，筛选出93个具有抗肿瘤、

抗菌或抗动脉粥样硬化的生物活性化合物，让微生物这个"小不点"在人体里发挥了"大能量"。

生态：海洋生机的"卫士"

张偲的眼光在人，更在海；在小家，也在大家。海洋微生物不仅是维护人体健康的特色生物资源，同时，它们也是调节整个生态环境的重要角色，通过生物转化在有机环境回复无机环境过程中发挥着重要作用。作为缓解环境污染和富营养化的关键因素，海洋微生物的研究水平关系到海洋生物资源的权益保障、创新药物的资源安全、生态环境安全与健康修复等国家重大科技战略。

2009年，以张偲为首席科学家的我国第一个海洋微生物"973计划"项目——"海洋微生物次生代谢的生理生态效应及其生物合成机制"项目正式启动。这个项目聚焦"海洋微生物的特有次生代谢过程及其生物学意义"这一关键科学问题，选择我国特有的海洋环境和特色海洋生态系统的微生物类群，关注物种多样性和遗传多样性，发现具有生理与生态学效应的新颖次生代谢产物，研究海洋微生物的关键次生代谢过程和主要功能基因，揭示生物合成途径和调控机制，发展基因重组技术、代谢工程技术，丰富生物合成基础理论，开发组合生物合成新技术，从而为创新药物和特色环保制品的开发奠定基础。

作为我国热带海洋生态工程的学术带头人，张偲和他的团队推动了我国海洋战略性新兴产业与海洋生态文明事业的发展。他把微生物研究和生态工程相结合，发展了热带海洋生态工程理论，促进热带海洋生态保护和生物资源利用的工程化。他在显微镜下探索微生物，也时刻关注着大环境。

主持调研会议的张偲院士

张偲院士出席2015年"微生物代谢工程与发酵工程"学术研讨会

生涯：生活平淡的"学士"

张偲的家乡是海南文昌，他说："我从小在海边长大，对海洋有一份与生俱来的热爱，特别是那些珍奇独特的海洋生物更令我着迷。"大学毕业后，张偲离开青岛，报考了中国科学院南海海洋研究所，理由是"北方的冬天太冷了，我这南方人受不了"，然而，玩笑背后是张偲对家乡的眷恋。从广东省首届十佳博士生，到中国科学院特批研究员，再到中国工程院院士，张偲有了越来越多的身份，可是他说，"还是喜欢大家称呼我张偲同志，有些身份是可以变的，这个不会变"。

"海洋微生物大约有2亿个种类，但可培养的还不到1%，可利用的更少。我国的海洋微生物研究还处在起步阶段，想要完成微生物→高科技→大产业的转化，我们还有很长的路要走"。张偲希望可以吸引更多的年轻人投身科研，做好这一行业的人才培养工作。

在张偲的眼中，生活与科研工作是全然一体，不必分割的。荣誉与成就，时光与奋斗，在他的描述中总显得平静无波。这或许就是微生物研究者的特色：志在微观，心在宏观。

科学家名片

张偲（1963— ），男，海南文昌人。海洋生物学家，海洋生态工程专家，中国工程院院士。

主要成就：

主要从事南海生物活性萜类和生物碱及其作用机制、海南岛红树植物的活性化合物及其化学生态学研究，并在海洋药物科学研究领域取得突出成果；

围绕"热带海洋微生物多样性的时空分布特征及其功能"关键工程科技问题，开展微生物多样性的观测、认知和利用研究，促进我国海洋微生物产业与海洋生态保护与修复的发展。

立足前沿　放眼未来

——海洋碳循环研究的先行者戴民汉

立足前沿，国际视野，敢于创新，专注科研，这些词汇都是对中国科学院院士戴民汉的真实写照。他几十年如一日，勤奋钻研，锲而不舍，不断更新自己的知识，拓展研究领域，时刻关注全球热点科学问题。

树立理想　知行合一

1980年，戴民汉以优异的成绩考入浙江省杭州高级中学。他的高中同桌张健曾经回忆，戴民汉平时话不多，但简短的言语和默默的努力却时刻体现出他良好的自我控制力。在繁忙的学习生活中，他总是能根据事情的优先次序做出合理的规划，清楚地知道什么重点做，什么简化做，坚持完成既定的安排和计划。

1983年，戴民汉考入厦门大学海洋系，开启了他逐梦海洋的旅程。在4年的本科学习中，戴民汉的学习成绩始终名列前茅，并于1985年获得了厦门大学首届"嘉庚奖"，作为厦门大学的最高奖项，当年全校仅有两名本科学生获此殊荣。

学成归国　潜心科教

1995年，戴民汉在法国皮埃尔和玛丽居里大学获得博士学位，随后在美国伍兹霍尔海洋研究所作为博士后继续进行研究。1998年，已过而立之年的戴民汉满怀壮志，回到母校厦门大学。20余年来，他秉承初心，在教学与科研岗位上孜孜不倦。戴民汉专心教学，严谨治学，将立德树人贯穿于人才培养的各个环节中，他尤其注重培养学生独立思考的习惯和批判性思维能力，引导学生不盲从权威，用虚心和专心解决遇到的问题。

正在作报告的戴民汉院士

在办公室的戴民汉院士

在科研中，他潜心于海洋碳循环领域，注重海洋观测、多学科交叉综合研究，他系统地研究了中国近海与河口碳循环，并将研究视野扩展到全球陆架边缘海，提出物理–生物地球化学耦合诊断方法定量解析边缘海二氧化碳源汇格局，建立了大洋主控型边缘海碳循环理论框架。迄今为止，戴民汉已在国际一流SCI期刊上发表论文160余篇，研究成果曾获教育部自然科学一等奖。他所做出的有关中国海二氧化碳源汇清单的研究成果为我国有效实施碳管理及制订应对气候变化策略与政策提供了重要的科学支撑，显著提升了我国在海洋碳循环研究领域的国际影响力。

戴民汉是能够在国际学术舞台上充分展现领导力的中国海洋科学家之一，在多个国际组织中担任重要职务，如国际海洋研究科学委员会（SCOR）146工作组共同主席、SCOR核心计划"痕量元素和同位素海洋生物地球化学循环"（GEOTRACES)科学指导委员会委员。

2017年，戴民汉当选为中国科学院院士，这也是对其个人科研能力和学术水平的充分肯定。

运筹帷幄 创新体制

潜心学术的同时，戴民汉以强烈的事业心、责任感和使命感，承继厦门大学海洋学科的底蕴，积极开拓进取。2005年，他作为主任领导启动国家重点实验室建设，在戴民汉的带领下，实验室不断创新管理体系、凝聚团队力量、营造浓厚学术氛围，逐渐发展成为在国内外均具重要影响力的海洋生物地球化学研究中心，在首个五年建设期内即被评为优秀国家重点实验室，2015年再度获评优秀等级，为推动海洋科学学科发展作出了突出贡献。

回馈社会　寄语未来

戴民汉还致力于公众教育和科普推广，与国内外同仁共同发起并推动成立"中国海洋科学卓越教育伙伴计划"（COSEE China），为推广海洋科学与文化教育、向公众普及海洋知识、提高全民海洋意识作出了重要贡献。

在全球气候变化加剧、影响日益凸显的大背景下，从事海洋碳循环研究20余载的戴民汉院士，在2018年第七届厦门大学海洋科学开放日暨海洋文化大讲堂上，发起了"我与海洋科学家面对面——对话全球升温1.5℃"的特别活动，畅聊海洋科学领域的热点话题，让公众在亲身体验中学习海洋科学知识、提高海洋环境保护意识，并倡导人们以实际行动保护海洋。

戴民汉院士把热忱投入海洋，以真心对待学生，用成果回馈社会，孜孜不倦地践行他对自己所追求事业的承诺。年轻人当以他为榜样，热爱海洋，投身海洋，为发展祖国乃至全人类的海洋事业作出贡献。

科学家名片

戴民汉（1965—　），男，浙江萧山人。海洋化学家，海洋碳循环研究专家，中国科学院院士。

主要成就：

系统研究了中国近海与主要河口碳循环，揭示其二氧化碳源汇格局、关键过程与控制机理；

提出物理-生物地球化学耦合诊断方法定量解析边缘海二氧化碳源汇格局，建立了大洋主控型边缘海碳循环理论框架，获教育部自然科学奖一等奖。

逐梦海洋　铿锵前行
——海洋强国的践行者吴立新

1966年9月，吴立新出生于安徽桐城的一个普通家庭。虽然整个桐城县只有约25万人口，但前前后后出过11位院士，是名副其实的"院士之乡"。在前辈伟大事迹的鼓舞下，吴立新自小便养成了一丝不苟、刻苦钻研的学习习惯，同时也树立了远大的理想，这为他将来成为一名优秀的科学家打下了坚实的基础。

刻苦求学路

1983年9月，17岁的吴立新踏上了赴清华大学求学的道路，在清华大学，吴立新度过了5年的本科时光。他报考的是力学系流体力学专业，当时班里人才济济，入学时成绩并不出众的吴立新凭着一股韧劲，硬是在毕业时挤进了班级前三名，并被免试推荐为北京大学的研究生。

在北京大学期间，吴立新进入由我国近代力学奠基人周培源教授创建的湍流与复杂系统国家重点实验室，从事涡旋动力学研究，并于1994年获得力学博士学位。在全国最为著名的两所高等学府的求学经历，使吴立新收获满满，他感恩于两所学校对他的培养，他说："清华大学教会我如何做事，北京大学教会我如何想事，一个是脚踏实地，一个是仰望星空。在我学术研究和人生成长的道路上两者并重。"

漫漫寻梦路

1994年，吴立新作为国家新政策颁布之后的首批博士后，前往美国学习深造，1995年吴立新进入威斯康星大学麦迪逊分校气候研究中心工作，在之后的10年时间里，他完成了自己科研方向的一次重要转变，从涡旋动力学方向转向海洋动力学研究。

从29岁到39岁，经过10年的积累，吴立新在威斯康星大学不仅接触到了国际前沿的学术理论，而且学会了如何领导一个团队，怎样把不同背景、不同性格、不同特长的科学家聚拢在一起，朝着一个目标前进，这是与科研同等重要的知识与经验。吴立新在美国的生活和工作"顺风顺水"，但是，他却有一种梦想实现后的"失落感"。他时常想，出国求学深造的初心是什么？当年就是为了增长本领，为了给国家的科学事业尽上自己的一分力量才踏出国门求学的。如今，自己学有所成，他要为自己这些年的积累和成长寻找一个更加广阔的舞台，这个舞台便是自己的祖国。

踏实科研路

就在吴立新决心用所学为祖国贡献力量的时候，时任中国海洋大学校长的管华诗推出了"筑峰计划"，向吴立新伸出了"橄榄枝"。管华诗校长亲切热情地接待了吴立新，并鼓励他为祖国的海洋事业发展作贡献，时任海大副校长的吴德星也真诚地邀请他到物理海洋实验室工作。吴立新被深深地感动，他坚信中国海洋大学这片海洋科学的沃土，是实现

正在作报告的吴立新院士

他海洋梦的最佳选择。2005年夏天，当时在美国定居的吴立新夫妇，双双辞去工作，带着儿女来到了中国海洋大学。

初到海大，吴立新对学校提供的工作环境感到欣慰，无论在"硬件"还是"软件"方面，海大都走在科研的前端。在良好的科研环境中，他扎实做事，谦逊处事，成功地融入了新的环境，出色的科研水平也逐步得到大家的认可。2007年，由吴立新作为首席科学家的"973计划"项目——"北太平洋副热带环流变异及其对我国近海动力环境的影响"启动；2012年，由他领衔的"海洋动力过程与气候"创新团队入选科技部首批重点领域创新团队。

吴立新和他的团队在海洋动力过程与气候领域取得了一系列有重要国际影响力的原创性成果。2007年8月，吴立新成为"国家杰出青年基金"获得者，2009年成为山东省"泰山学者"特聘教授，2011年成为教育部"长江学者"特聘教授。

2013年，吴立新当选为中国科学院院士。他并没有把荣誉当作功劳簿，而是将它当作一份肯定，一份责任，一种使命，这也让他肩上的担子更重了。始终践行着"脚踏实地，仰望星空"的吴立新，并没有停留在现有的成就之上，2019年4月4日，2018年度山东省科学技术奖励大会在济南召开，吴立新荣获2018年度全省唯一一项科学技术最高奖。在代表获奖者发言时他说："现在是我们国家海洋科技发展的黄金时期，也是几代海洋人梦寐以求的时代，建设海洋强国的使命我们责无旁贷。"

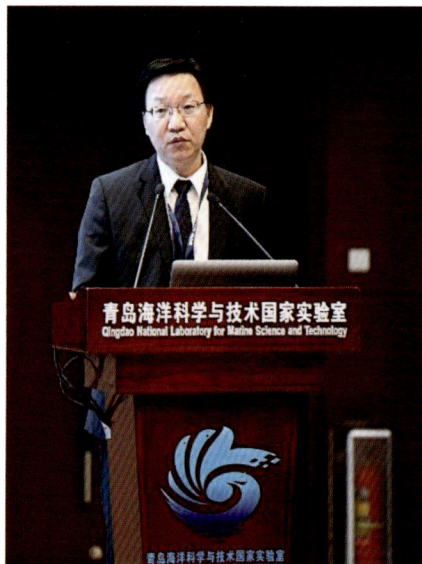

担任青岛海洋科学与技术国家实验室主任的吴立新院士

习近平总书记在党的十九大报告中明确提出"坚持陆海统筹,加快建设海洋强国"，再一次为海洋强国战略吹响了号角，一幅海洋强国的壮丽图景进一步清晰起来。也正是得益于众多如同吴立新院士一般将全部精力奉献于祖国海洋科学事业的科学家的努力，中国在海洋强国的道路上正乘风破浪铿锵前行。

科学家名片

吴立新（1966— ），男，安徽桐城人。物理海洋学家，中国科学院院士。

主要成就：

长期从事大洋环流基本理论、海-气相互作用和气候年代际变化、海洋环流与气候系统数值模拟方面的研究，并取得多项重要成果；

发现了20世纪全球大洋副热带西边界流区"热斑"现象，系统阐述了副热带环流在太平洋气候年代际及长期变化中的作用机理。

图书在版编目（CIP）数据

中国海洋科学家 / 青岛海洋科普联盟编. — 青岛：
中国海洋大学出版社，2019.5

ISBN 978-7-5670-2194-5

Ⅰ.①中… Ⅱ.①青… Ⅲ.①海洋－科学家－生平
事迹－中国 Ⅳ.①K826.14

中国版本图书馆CIP数据核字（2019）第080808号

中国海洋科学家

出版发行	中国海洋大学出版社		
社　　址	青岛市香港东路23号	邮政编码	266071
出 版 人	杨立敏	电子信箱	813241042@qq.com
网　　址	http://pub.ouc.edu.cn	订购电话	0532-82032573（传真）
责任编辑	郭周荣	电　　话	0532-85902495
印　　制	青岛海蓝印刷有限责任公司	成品尺寸	185 mm×225 mm
版　　次	2019年5月第1版	印　　次	2019年5月第1次印刷
字　　数	180千	印　　张	10.5
印　　数	1~3000	定　　价	49.00元

发现印装质量问题，请致电 0532-88785354，由印刷厂负责调换。